와당탕! 직업 체험

천천히읽는책_84

와당탕 직업 체험

글 박광진|그림 김순영

펴낸날 2025년 12월 11일 초판1쇄
펴낸이 김남호 | 펴낸곳 현북스
출판등록일 2010년 11월 11일 | 제313-2010-333호
주소 07207 서울시 영등포구 양평로 157 투웨니퍼스트밸리 801호
전화 02)3141-7277 | 팩스 02)3141-7278
홈페이지 http://www.hyunbooks.co.kr | 인스타그램 hyunbooks
ISBN 979-11-5741-451-2 73300

책임편집 류성희 | 디자인 나모에디트 | 마케팅 송유근 함지숙

와당탕!

직업 체험

글 박광진 | 그림 김순영

현북스

자신만의 빛나는 꿈을 찾아보세요

안녕하세요. 나는 산새들의 노랫소리가 울려 퍼지는 아름다운 시골 학교에서 해맑은 아이들을 가르치는 선생님이자 작가예요. 꿈이 없다는 아이들이 점점 늘어나는 상황에 더는 이대로 가만히 있을 수 없단 생각에 이 동화를 쓰게 되었답니다.

글을 쓰며 어떻게 하면 꿈이 없는 친구들이 꿈을 가질 수 있게 할지 고민하던 중 문득 제 어린 시절 꿈이 떠올랐어요. 그때 난 처음부터 선생님이나 동화 작가를 꿈꾸지 않았답니다. 어릴 적의 난 《삼국지》를 읽고 천하를 뒤흔드는 책략가인 제갈공명 같은 사람이 되고 싶어 했어요. 그러다 장영실 위인전을 읽고 세상을 놀라게 할 만한 엄청난 발명품을 만드는 과학자가 되길 꿈꿨지요. 참 우습고 재미난 이야기 아닌가요? 맞아요. 지금 돌이켜보면 너무나 허황되고 말이 되지 않는 꿈이었어요.

하지만 난 이렇게 생각한답니다. 그 어떤 꿈도 우스운 꿈은 없다고 말이에요. 마음을 뜨겁게 가득 채웠던 그 꿈들을 쫓아 성큼 발을 내딛지 않았더라면 지금은 비록 다른 길이긴 하지만 지금처럼 선생님이자 작가가 될 수는 없었을 거예요. 텅 비어버린 마음으로는 그 무엇도 이룰 수가 없어요. 꿈꾸지 않는 별은 결코 빛날 수 없는 법이지요.

그러니까 여러분도 무언가를 간절히 꿈꾸길 바랍니다. 그럼에도 아직 자신만의 꿈을 찾지 못했나요? 괜찮아요. 이 책에 나오는 장난꾸러기 삼총사도 꿈을 찾지 못했답니다. 각자 다른 이유로 꿈이 없었지요. 하지만 갑작스럽게 커다란 사고가 일어나고 이를 헤쳐 나가면서 자신만의 빛나는 꿈을 찾을 수 있었어요. 이런 장난꾸러기 삼총사를 보면서 여러분도 분명 자신만의 꿈을 찾을 수 있을 거예요.

또한 이 책에는 여러 다양한 직업에 대해서도 자세히 나와 있답니다. 분명 여러분이 꿈을 찾는 데 큰 도움이 될 거예요.

어쩌면 꿈을 향해 나아가는 길에서 앞으로 여러분은 많은 어려움을 겪을지도 몰라요. 하지만 걱정하지 마세요. 포기만 하지 않는다면 언젠가 여러분은 분명 꿈꾸는 모든 걸 이룰 수 있을 거예요. 선생님이자 작가인 나만큼은 끝까지 여러분의 꿈을 믿어주고 응원해 줄게요.

자! 그럼 이제부터 꿈과 희망으로 가득한 동화 속 세계로 풍덩 빠져 볼까요. 모두 두 눈 반짝이면서 다음 장을 펼쳐 보아요.

| 차례 |

1. '와당탕' 꿈누리랜드

"여러분, 만나서 반가워요! 여기는 여러분의 꿈을 이루어 주는 '와당탕' 꿈누리랜드랍니다. 아니, 정확히 말하자면 '와당탕' 꿈누리랜드 안에 있는 직업 교육 센터이지요. 흐음, 그런데 모두 왜 이렇게 뚱한 표정인가요?"

우스꽝스러운 피에로 복장을 한 안내원이 앞에 앉은 세 아이를 쳐다보면서 고개를 갸웃거렸어. 그러자 가만히 옆에서 듣고만 계시던 뿔테 안경을 쓴 담임선생님께서 날카롭게 눈을 빛내셨지.

"민우와 준수 그리고 소희야! 꿈이 없다는 너희들에게 꿈을 찾아 주기 위해 여기로 체험학습을 온 거잖아. 그런데 이렇게 의욕이 없으면 어떡하니? 혹시 너희들도 여기 온 다른 애들처럼 꿈누리랜드 내의 여러 놀이기구를 타고 싶어서 그런 거니?"

세 아이들은 담임선생님의 질문에 서로의 얼굴을 번갈아 바라보다 세차게 위아래로 고개를 끄덕였어. 따분해 보이는 직업 교육 말고 빨리 놀이기구를 타고 싶어 하는 아이들의 마음이 간절한 얼굴에 잘 드러났지. 하지만 아이들의 소망에 담임선생님께서는 응해 주시지 않으셨어. 아니, 오히려 따끔하게 혼내셨지.

"크흠, 직업 교육이 끝나면 따로 자유시간을 주려 했는데 아무래도 안 되겠구나. 너희들은 남아서 나한테 교육을 더 받아야겠다."

"앗, 죄송해요. 선생님. 열심히 직업 교육을 받을게요. 그러니 제발 화 푸세요."

"네, 저도 이제부터 진짜 집중 잘할게요. 그러니까 제발 용서해 주세요. 저도 꼭 놀이기구 타고 싶어요."

양 갈래로 머리를 땋은 귀여운 소희가 토끼 눈을 한 채 이렇게 애원했어. 배가 맹꽁이처럼 볼록 튀어나온 준수도 옆에서 손이 발이 되도록 싹싹 빌면서 용서를 구했지.

"민우, 너는?"

담임선생님께서는 반성하는 소희와 준수하고는 달리 아직도 두꺼비처럼 멀뚱히 앉아 있기만 한 민우를 못마땅한 눈빛으로 쏘아보셨어. 그러자 민우는 얼굴에 철판을 깐 듯 뻔뻔한 얼굴로 대답했지.

"아우, 전 처음부터 눈 동그랗게 뜨면서 집중했어요. 제 눈 좀 보세요. 토끼처럼 빨갛죠? 어서 빨리 교육이 시작하기만을 눈 빠지게 기다리다가 이렇게 된 거예요."

"네 눈이 빨간 건 밤새 게임을 해서겠지. 내일 체험 활동하니까 일찍 자 두라고 내가 그렇게 말했건만 넌 끝내 내 말을 듣지 않았구나. 그래도 이번 한 번만큼은 그냥 넘어가 줄게. 대신 최선을 다해 체험에 참여하는 거다. 다들 어떤 직업이 자신에게 어울릴지 이 기회에 진지하게 고민해 보려무나."

"네! 선생님."

민우와 준수 그리고 소희는 한목소리로 목청 높여 대답했어. 전과 달리 이젠 빨리 직업 교육을 마친 뒤 놀이기구를 타기로 마음을 바꿔 먹은 장난꾸러기 삼총사는 적극적으로 직업 교육에 참여하려 하였지.

"허허, 이거 아무래도 딱딱한 직업 교육을 생각했나 보군요. 하지만 여러분 생각과는 아주 다른 흥미진진한 직업 교육이 펼쳐질 거예요. 장담컨대 밖에 있는 놀이기구를 타는 것보다 훨씬 더 재미있을 거랍니다."

삼총사와 담임선생님과의 대화가 끝나자마자 피에로 안내원이 너털웃음을 터뜨리며 이렇게 얘기했어. 그러고는 붉은 천막을 걷어 올려 무대 위에 놓인 알록달록한 세 의자를 보여 주었지. 의자는 마치 미용실에서 머리를 깎을 때 앉는 의자처럼 보였어. 그런데 밋밋한 미용실 의자와는 달리 머리에 쓸 수 있는 헬멧이 의자 끝부분에 달려 있었

지. 갑자기 나타난 헬멧 달린 의자를 보고 삼총사는 이해할 수 없다는 표정으로 입을 떠억 벌렸어.

"짜잔! 이게 바로 여러분이 꿈을 찾을 수 있게 도와주는 '꿈 기계'랍니다. 이 기계가 여러분 각자의 적성과 능력을 파악한 뒤 어울리는 직업을 각성시켜 줄 거예요. 쉽게 말해서 각자에게 맞는 직업을 각성하게 되면 여러분은 그 직업의 전문가가 될 거랍니다. 그럼 먼저 이 전자명찰을 가슴에 다세요. 꿈 기계가 작동되면 여러분이 각성한 직업의 이름이 이 전자명찰에 뜰 거예요."

피에로 안내원의 지시에 따라 삼총사는 전자명찰을 가슴에 달고는 전선이 주렁주렁 달린 헬멧을 머리에 썼어. 그리고는 귀신에 홀린 듯한 표정으로 얌전히 앉아 기계가 작동하기를 기다렸지.

삐비빅!

피에로 안내원이 꿈 기계에 연결된 모니터를 쳐다보며

둥근 버튼을 조작하자, 신호음이 나며 기계에 '반짝반짝' 불이 들어왔어. 세상 무서운 게 없다는 듯 거침없이 행동하던 삼총사였지만 이때만큼은 뱀을 만난 개구리처럼 잔뜩 긴장했지.

"길게 숨을 내쉬면서 여유를 가지세요. 지금은 여러분 뇌를 스캔하고 뇌파를 분석하는 단계랍니다."

피에로 안내원의 설명을 들었지만, 삼총사는 하나도 이해하지 못하고 아리송해했어. 꿈 의자에 앉은 채 앞으로 어떤 일이 펼쳐질지 삼총사는 두근거리는 마음으로 가만히 기다렸지.

그때 갑자기 주위가 마치 봄날의 아지랑이처럼 일렁거리기 시작했어. 단단했던 벽이 마치 거센 파도처럼 출렁거렸고, 바닥은 부글부글 끓어서 생긴 물거품처럼 퐁퐁 터져 나갔지.

"으아아아악!"

이해할 수 없는 상황에 깜짝 놀란 삼총사는 목이 쉬도

록 비명을 내질렀어. 그러던 어느 순간 갑자기 허공에서 나타난 찬란한 무지개가 일행의 주위를 빙글빙글 돌다가 살며시 감싸 안았지. 무지개에 휩싸인 삼총사는 순간 정신이 몽롱해졌어. 그러다 잠에 빠져들 듯 의식을 잃고 말았지.

"우웅, 이게 대체 어찌 된 일이람?"

가장 먼저 정신을 차린 소희가 고개를 절레절레 흔들면서 혼란스러워했어. 그때 마침 바로 뒤이어서 깨어난 준수가 손으로 머리를 짚으면서 신음을 토해 냈지.

"끄응, 아이고야! 머리가 깨질 듯 아프네."

"다행히 준수 너도 깨어났구나. 근데 이게 대체 어찌 된 일이지? 어떻게 벽과 바닥이 바닷물처럼 출렁거릴 수 있냐고? 뭐, 지금은 전혀 그랬던 일이 없었던 것처럼 멀쩡하지만 말이야. 무엇보다 우릴 감쌌던 빛나는 무지개는 뭐였을까?"

"그것도 이상하지만 대체 피에로 안내원과 담임선생님께

서는 어디로 가신 거지? 우리가 의식을 잃은 동안 밖에 나가신 걸까? 그럴 리가 없을 텐데 이상하네."

소희와 준수가 주위를 살펴보며 의아해하고 있을 때 옆 의자에서 고개를 숙인 채 코까지 골면서 곤하게 잠자던 민우가 드디어 눈을 번쩍 뜨며 깨어났어.

"으악! 하늘에서 떨어진다! 엄마! 나 죽어!"

그 사이 개꿈이라도 꿨는지 이렇게 비명을 내지르면서 깨어난 민우는 얼떨떨한 표정으로 자신을 바라보는 친구들을 멍한 얼굴로 둘러보았어. 그러고는 이내 어떻게 된 건지 깨닫고는 머리를 슬쩍 긁적였지.

"너무 긴장했는지 나도 모르게 스르르 잠들었다가 말도 안 되는 꿈을 꾸고 말았지 뭐야. 글쎄, 벽과 바닥이 물결처럼 일렁거리다 펑펑 터져 나갔다고! 무엇보다 갑자기 불쑥 나타난 무지개가 날 집어삼켰다가 하늘에서 뱉어 냈어. 그 바람에 난 하늘에서 뚝 떨어지는 가련한 신세가 되고 말았지. 근데 이거 혹시 엄청 좋은 꿈 아닐까? 이런 걸 길몽이라고 부르지? 그럼 복권이나 하나 사 볼까? 헤헤."

“민우야! 우리도 똑같은 꿈을 꾸었어. 아니, 똑같은 환상을 보았다고 하는 편이 더 올바르겠다. 아! 무지개가 하늘에서 널 침 뱉듯 뱉어 냈다는 부분만 빼면 말이야.”

준수와 민우가 이렇게 자신들이 겪었던 신비한 현상에 대해 대화를 나눌 때 소희가 불쑥 끼어들었어.

“애들아! 그런 얘기는 그만하고 일단 우리 갑자기 사라져 버린 담임선생님과 피에로 안내원을 먼저 찾아보자. 그래야 이게 어떻게 된 일인지 알 수 있지 않을까?”

쿵! 쿠쿠쿵! 드르르륵!

하지만 바로 그때였어. 바닥과 벽이 마치 출렁이는 물결처럼 흔들리는 게 아니겠어. 이번엔 아까처럼 몽롱한 환상이 아닌 현실이라는 게 생생하게 느껴졌지. 건물이 무너질 듯 거세게 흔들리면서 벽과 바닥에 쩍쩍 금이 가자 말썽꾸러기 삼총사는 공포에 질려 얼굴이 새하얗게 변했어.

“으아아아아악! 세상이 무너져 내린다! 으악! 제발 살려주세요!”

능글맞은 민우도 이때만큼은 잔뜩 겁에 질려 머리를 두 손으로 꽉 부여잡은 채 어쩔 줄 몰라 했어.

"흑흑! 무서워! 너무 무서워! 어떡해! 누가 제발 저희 좀 도와주세요!"

"잠시만 참아! 소희야! 지진은 그렇게까지 오래 지속되지 않는다고 들었어. 그러니까 멈출 때까지 우리 침착하게 기다려 보자. 알겠지?"

소희가 참지 못하고 울음을 터뜨리자 준수는 자신도 공포에 질려 다리를 벌벌 떨면서도 어떻게든 소희를 다독이려고 애썼어. 그러는 동안에도 지진이 무섭게 건물을 뒤흔들었지. 사고뭉치 삼총사는 갑작스러운 지진에 고슴도치처럼 웅크린 채 몸을 벌벌 떨었어. 그러던 어느 순간 거짓말처럼 지진이 멈추었지.

"멈, 멈춘 건가?"

마치 겁 많은 자라처럼 꿈 기계의 의자 뒤로 숨은 상태에서 고개만 쏘옥 내민 민우가 주위를 휘휘 훑으면서 상황을 살펴보았어.

"보통 큰 지진이 온 다음에 작은 지진이 연달아 온다고 했어. 그러니까 잔뜩 금이 생겨 언제 무너질지 모를 이 위험한 건물 밖으로 빨리 나가자."

재빨리 문으로 향하는 소희를 뒤따라 민우와 준수도 밖으로 나서려 했어. 그때 간절히 도움을 요청하는 남자아이의 목소리가 옆방에서 들려왔지.

"제발 좀 도와주세요. 지진 때문에 문고리가 고장 났는지 도무지 열리지 않아요."

목소리로 미루어 짐작하건대 초등학교 1학년쯤으로 보였어. 울음기가 섞인 간절한 남자아이의 외침에 일행은 그냥 밖으로 나갈 수 없었지. 체험실 밖으로 나온 일행은 굳게 닫힌 남자아이가 있는 방의 문고리를 있는 힘껏 잡아당겨 보았어. 하지만 안타깝게도 문은 꿈쩍도 하지 않았지.

답답해진 민우가 문을 발로 세게 걷어차 보았지만 그래도 문은 열리지 않았어. 그러자 민우는 이번에는 멀찍이 뒤로 물러섰다가 거칠게 달려드는 코뿔소처럼 온 힘을 다해 뛰어들면서 어깨로 강하게 문에 부딪쳤어.

하지만 그렇게 민우가 온몸을 힘껏 던져도 문은 철벽으로 이루어진 듯 꿈쩍도 하지 않았지. 그때 문 안쪽에서 훌쩍이는 남자아이의 울음소리가 다시 들려왔어.

"흑흑, 저 이대로 영영 밖으로 나가지 못하는 건가요? 너무 무서워요. 제발 구해 주세요. 여기서 나가면 앞으로 남을 도우면서 착하게 살게요. 그러니까 제발 좀 도와주세요. 제발요."

"꼬마야! 일단 진정해. 우리가 119에 연락해 볼게. 그러니까 너무 걱정하지 마."

"저 지금 너무 무서워요. 당장 밖으로 나가게 해 주세요. 제발요! 한시라도 빨리 나가고 싶단 말이에요! 으아아앙!"

소희가 나서서 어떻게든 달래 보려고 했지만, 갇힌 방 안에 있던 남자아이는 쉽사리 공포를 떨쳐 내지 못했어. 그래서 남자아이는 계속 울면서 굳게 닫힌 문을 주먹으로 쾅쾅 쳐댔지.

그때 우지끈 소리를 내며 바닥이 다시 앞뒤로 흔들렸어.

"아악!"

"꺄아아악!"

또다시 일어난 지진에 모두가 깜짝 놀랐어. 큰 지진이 끝난 뒤 작은 지진이 진짜로 연달아 온 거였지.

"으악! 제발 살려 주세요. 꼭 여기서 꺼내 달란 말이에요! 여기에 갇혀서 죽기 싫어요! 엉엉!"

다시 발생한 지진 때문에 벽에 더욱 심하게 거미줄 모양으로 금이 쫙 가자 안에 있던 남자아이가 더욱 안절부절못했어. 소희는 다급하게 핸드폰을 눌러 119에 연락하려고 했지만, 이상하게도 연결음이 들리지 않았지.

"어? 이거 왜 이러지? 혹시 지진으로 통신망이 망가진 건가?"

당황한 소희가 핸드폰을 위아래로 흔든 후 다시 119에 연락해 보았지만 여전히 통화 연결이 되지 않았어.

그때 안타까운 표정으로 꽉 닫힌 문을 보던 준수가 갑자

기 소희에게 손을 내밀면서 머리에 꽂은 머리핀을 잠시만 빌려 달라고 했어.

"소희야, 잠깐만 머리핀 좀 빌려줘."

"아니, 머리핀을 왜 빌려 달라는 거야?"

"지금 급하게 쓸데가 있어서 그래. 잠깐만 좀 빌려줘 봐."

다급한 표정을 지으면서 준수가 다시 재촉하자 소희는 어쩔 수 없단 표정으로 머리핀을 건넸어. 준수는 받자마자 마치 클립처럼 보이는, 머리핀의 고정시키는 부위를 손으로 꽉 힘주어 폈지.

"야! 뭐 하는 거야! 왜 멀쩡한 내 머리핀을 망가뜨려?"

양 갈래로 귀엽게 머리를 땋은 소희가 어처구니없단 표정으로 눈살을 찌푸리며 항의했어. 하지만 준수는 구슬땀을 흘리면서 머리핀을 곧게 펴는 데에만 집중했지. 준수가 그렇게 땀 흘린 덕에 머리핀이 곧 바늘처럼 매끄럽게 펴졌어. 그러자마자 준수는 곧게 펴진 머리핀을 문고리의 열쇠 구멍에 집어넣고는 이리저리 돌리기 시작했지.

"야! 뭐 하는 거냐고? 네가 그런다고 고장 난 문이 열릴

거 같아?"

소희가 답답하다 표정으로 혀를 차면서 준수를 타박했어. 그러다 준수의 가슴에 단 전자명찰에 선명하게 떠 있는 '**열쇠수리공**'이란 글자를 보게 되었지. 그 순간 철컥 하는 소리를 내며 문이 열리는 소리가 들려왔어.

'열쇠수리공으로 직업을 각성한 건가? 하긴, 예전에 준수가 만들었던 공예 작품들을 떠올려 보면 손재주가 제법 뛰어나긴 했었지. 하지만 그렇게 손재주가 있다고 해서 열쇠수리공이란 직업이 준수에게 어울리는 직업일지는 꿈에도 몰랐네.'

소희가 이렇게 준수를 보며 속으로 놀라워할 때 문고리가 고장 나 한참 동안 방 안에 갇혀 있었던 남자아이가 허겁지겁 문밖으로 뛰쳐나왔어.

"형이 절 구해 주신 거 맞죠? 고맙습니다. 정말 고맙습니다. 참, 제 이름은 도운이에요. 꼭 기억해 주세요."

도운이는 양 볼에 난 주근깨가 인상적인 귀여운 꼬마 아이였어. 도운이는 곧게 핀 머리핀을 들고 있는 준수를 보고 누가 자신을 구했는지 한눈에 알아차렸지. 그래서 준수에게 허리를 깊이 숙이면서 감사의 인사를 건넨 거였어.

"네가 이렇게 감사해할 정도로 내가 그렇게 대단한 일을 한 건 아니야."

준수는 코를 긁적이며 쑥스러워했어. 하지만 도운이는 눈을 반짝이며 영화에 나오는 히어로 보듯 준수를 올려다보았지.

"아니에요. 형이 아니었으면 전 계속 안에 갇혀 있었을 거예요. 정말 감사해요. 형은 제 영웅이에요."

도운이는 아까 흘렸던 눈물 자국을 닦으면서 환하게 미소 지었어. 그때 흐뭇하게 지켜보고 있던 소희가 다가와 준수의 어깨를 톡 건드리면서 칭찬했지.

"호오! 준수, 네가 이렇게 누굴 구할 줄은 꿈에도 몰랐어. 무엇보다 난 네가 열쇠수리공으로 각성할 줄은 전혀 몰랐지. 그런데 이제 보니 너한테 썩 잘 어울리는 직업이란 생각이 드네. 네 적성에 맞는 직업을 각성하게 된 걸 축하

해. 준수야.”

준수는 소희의 축하에 머리를 긁으면서 부끄러워하였어. 그걸 본 민우도 장난기가 발동했는지 준수에게 다가와 아주 과장되게 칭찬했지.

“와우! 이제 준수는 그 어떤 금고도 뚝딱 열 수 있겠네. 준수야! 우리 할아버지 댁에 녹슬어서 열리지 않는 작은 금고가 하나 있는데 열어 보지 않을래.”

“야! 민우야! 그만 좀 놀려. 그나저나 꿈 기계를 통해 진짜로 자신에게 맞는 직업을 각성할 수 있는 거였구나. 설마 했는데 각성하면 미치 오랫동안 그 일을 해 왔던 전문가처럼 될 수 있는 거였어. 그런데 도대체 이게 어떻게 가능한 걸까?”

열쇠수리공으로 각성한 준수가 도무지 이해할 수 없단 표정으로 고개를 갸웃거렸어. 준수의 의문에 소희와 민우도 섣불리 답을 할 수 없었지. 정말이지 생각할수록 이상한 일이었어.

"여기서 우리끼리 고민해 봤자 답이 나오진 않을 거 같아. 그러니까 일단 우리 밖으로 나가서 담임선생님과 피에로 안내원을 찾아보자."

소희의 말이 끝나자마자 삼총사는 도운이를 데리고 직업 교육 센터 밖으로 나갔어. 밖으로 나온 일행은 지진으로 인해 엉망이 된 밖의 상황을 보고 입을 떠억 벌렸지. '와당탕' 꿈누리랜드 내의 여러 놀이기구는 매캐한 연기를 내뿜으며 멈춰 서 있었고, 사방에서는 도와 달라는 간절한 외침이 들려왔어.

"안 되겠다. 지금 너무 위험한 상태니까 담임선생님과 피에로 안내원을 찾는 건 뒤로 미뤄야겠어. 우리 먼저 위험에 빠진 사람들부터 구해 내자."

준수가 소매를 걷어 올리면서 도움을 주려고 나섰어. 그런데 도운이도 일행과 함께하겠다며 뒤따라 붙었지. 사고뭉치 삼총사는 도운이에게 안전한 장소에서 기다리라고 말했지만 도운이는 계속 싫다며 고집을 피웠어. 준수는 그런 도운이의 태도에 답답해하며 자신의 가슴을 쾅쾅 쳤지.

"도운아! 아까 우리가 널 구할 때 너도 보았겠지만 우린 지금 직업을 각성할 수 있단다. 다시 쉽게 설명하자면 우린 지금 자신에게 맞는 직업을 각성할 수 있고, 그렇게 되면 그 직업의 전문가로 활약할 수 있어."

"어떻게 그렇게 된 건가요? 그리고 저도 각성이란 걸 하고 싶어요."

"꿈 기계란 걸 통해서 이렇게 된 건데 지금은 아쉽게도 그걸 조작하실 수 있는 분이 사라져서 넌 우리처럼 각성할 수가 없단다. 그러니까 넌 안전한 장소에서 얌전히 기다리렴. 알겠지?"

"싫어요! 나도 누나, 형들과 함께할 거예요."

삼총사는 자기주장을 진혀 굽히지 않는 도운이를 어르고 달래면서 어떻게든 남게 하려 하였어. 하지만 결국 그 고집을 꺾지 못했지. 그래서 어쩔 수 없이 도운이와 함께 위기에 처한 사람들을 구하기 위해 나서게 되었어.

2. 청룡열차

"살려 주세요! 누가 저 좀 구해 주세요!"

레일을 달리던 도중 거꾸로 뒤집힌 상태에서 멈춘 청룡열차에 탄 한 학생이 아우성쳤어. 멀리서 얼핏 보면 도움을 요청하는 학생이 마치 나뭇가지에 달린 바나나처럼 보였지.

삼총사는 청룡열차에 거꾸로 아슬아슬하게 매달린 채 비명을 내지르는 학생을 향해 달려가다 우뚝 멈추어 섰어.

"어! 저건 성우잖아?"

그랬어. 청룡열차에 바나나처럼 대롱대롱 매달린 학생

은 바로 같은 반 친구인 성우였던 거야.

"얘들아! 제발 날 좀 구해 줘. 너무 무서워. 제발 날 좀 살려 달란 말이야! 이렇게 부탁할게! 흑흑!"

황소개구리를 닮은 성우가 커다란 덩치에 어울리지 않게 엉엉 울면서 아래에 있는 삼총사한테 간절하게 애원했어. 그런 성우를 올챙이처럼 배가 볼록 튀어나온 준수가 흔들리는 눈빛으로 바라보았지.

사실 준수는 원래부터 꿈이 없었던 게 아니었어. 한때 준수도 빛나는 꿈을 꾼 적이 있었지. 그건 운동선수가 되어 올림픽에 나가 금메달을 따는 그런 멋진 꿈이었어.

하지만 황소개구리를 닮은 성우 때문에 준수는 꿈을 접을 수밖에 없었지. 어떤 시합을 해도 준수는 성우를 이길 수 없었거든. 성우는 운동감각이 그 누구보다 탁월했지. 그래서 마치 갓난아기 다루듯 준수를 가볍게 상대하다, 손쉽게 승리를 거머쥐곤 했어. 그렇게 성우라는 거대한 벽에 가로막혀 점차 준수는 자신감을 잃어 갔지.

그러던 어느 날이었어.

"준수야! 네 꿈이 올림픽 나가서 메달을 따는 거라고 하던데 맞지? 내가 응원해 줄게. 넌 꼭 네 꿈을 이룰 수 있을 거야."

성우가 방금 전 홈런을 치고 돌아온 아이처럼 해맑게 웃으면서 준수의 어깨를 두드렸어.

"성우야! 지금 대체 뭔 소릴 하는 거야? 너조차도 못 이기는 애가 어떻게 올림픽에 나갈 수 있겠어? 준수야! 너도 그런 말도 안 되는 꿈일랑 빨리 접고 다른 꿈을 꿔 봐. 진짜 내가 네 친구로서 진지하게 해 주는 조언이니까 흘려듣지 않았으면 한다."

"야! 그렇게 준수를 얕잡아 보지 마! 준수도 노력하다 보면 점차 나아지겠지. 난 진심으로 준수를 믿어. 준수는 훗날 올림픽에 나가 분명히 금메달을 목에 걸게 될 거야."

주변에 있던 참견쟁이 동하가 준수의 꿈을 무시하자 성우는 자기 일인 양 나서서 준수 편을 들었어. 그 순간 자신이 한없이 초라하게 느껴진 준수는 그만 자신의 꿈을 놓아 버리고 말았지.

그렇게 꿈을 잃어 버린 준수의 마음 어딘가에 커다란 구멍이 생기고 말았어. 그리고 그때부터 찾아온 참을 수 없는 배고픔에 먹고 또 먹다 보니 배가 올챙이처럼 볼록 튀어나오게 되었지.

"준수야! 넌 운동신경이 좋잖아! 우리 중에서 오직 너만이 성우를 구할 수 있어! 그러니까 성우를 구할 수 있는 직업으로 각성해 봐. 아까 도운이를 구하기 위해 열쇠수리공으로 각성했던 것처럼 말이야."

어깨를 잡고 앞뒤로 흔드는 민우 덕택에 준수는 떠올리던 과거에서 벗어나 가까스로 정신을 차릴 수 있었어.

"알겠어. 내가 어떻게든 성우를 도울 수 있는 직업을 각성해 볼게."

하지만 준수가 아무리 용을 쓰며 노력해 봐도 열쇠수리공이란 직업을 각성했을 때처럼 그렇게 쉽게 각성할 수가 없었어. 준수의 전자명찰에는 여전히 열쇠수리공이란 글자가 떠 있었고, 안타깝게도 조금도 변할 기색이 안 보였지. 그러자 민우가 혀를 끌끌 찼어.

"준수야! 이런 말 하기 미안한데 너 혹시 성우를 질투해서 각성하지 못하는 거 아냐?"

"아니야! 난 성우를 질투하지 않아! 내가 속 좁아서 지금 각성하지 못하는 게 아니야!"

준수는 다 알고 있다는 듯 투명한 눈빛으로 자신을 쳐다보는 민우를 향해 벌컥 화를 냈어. 하지만 준수 스스로도 자신이 성우를 질투하고 있지 않은지 확신할 수 없었지. 아니, 분명 스스로가 질투하고 있다는 걸 확실하게 느끼고 있었어. 그렇지만 이렇게 성우가 위급한 상황에서도 고작 질투 때문에 자신이 각성하지 못한다는 사실을 곧이곧대로 받아들일 수 없었지.

그때 덜컹거리면서 청룡열차가 크게 흔들렸고, 그 바람에 지금까지 성우 몸을 안전하게 지탱해 주던 안전장치가 힘없이 풀리고 말았어.

"으아아아악!"

성우는 아래로 떨어져 내리지 않기 위해 있는 힘껏 두 손으로 풀린 안전장치를 꽉 붙잡고 버텼어. 그렇게 성우는 레일에 거꾸로 멈춰 선 청룡열차의 안전장치를 붙잡고 대롱대롱 매달린 신세가 되었지.

"준수야! 제발 날 좀 도와줘! 나 팔이 아파 더는 버티기가 힘들어! 이러다간 여기서 떨어지고 말 거야! 운동신경이 좋은 너밖에 여기서 날 구할 수 있는 사람이 없어! 그러니까 제발 날 구해 줘! 꼭 좀 부탁할게!"

눈물을 뚝뚝 흘리면서 성우가 준수한테 간절하게 애원했어. 이대로 성우가 아래로 떨어지지 않을까 너무 걱정된 준수는 어떻게든 각성하려고 애썼지만 여전히 잘되지 않았지. 준수는 고작 질투 때문에 직업을 각성하지 못하는 자신이 너무나도 한심하게 느껴졌어. 그렇게 준수는 친구를 구하고 싶다는 간절한 마음과 친구를 질투하는 자기 자신에게 실망하는 마음 사이에서 갈팡질팡했어.

그런 준수를 보고 도저히 안 되겠다는 듯 민우는 거칠게 고개를 가로저었지.

“아우! 답답해! 안 되겠다! 비켜 봐! 내가 어떻게든 성우를 구해 볼게!”

민우가 답답한지 가슴을 쾅쾅 치며 앞으로 나섰어. 민우는 잠시 청룡열차의 철로를 받치며 복잡하게 얽혀 있는 철제 기둥을 올려다보다 침을 꼴깍 삼켰지. 하지만 이내 마음을 굳게 다진 민우는 철근을 잡고 천천히 위로 오르기 시작했어. 하지만 나무늘보를 닮아 어설퍼 보이는 민우의 동작은 보는 사람들 마음을 철렁 내려앉게 만들었지.

“안 돼! 민우야! 너무 위험해! 올라가지 마! 넌 운동신경이 안 좋잖아. 게다가 넌 어릴 적부터 몸이 무척이나 약했잖아! 그런데 어쩌려고 올라가는 거야? 안 돼! 빨리 내려와!”

소희가 큰 목소리로 민우를 말렸지만, 민우는 들은 체도 하지 않고 계속해서 위로 올라갔어. 그러다 팔에 힘이

풀려 잡고 있던 지지대를 놓치면서 그만 밑으로 뚝 떨어지고 말았지. 쿵 하는 소리와 함께 떨어진 민우는 바닥에 엉덩방아를 찧고 말았어. 하지만 그렇게까지 높이 올라가지 못한 덕에 다행히 크게 다치진 않았지.

"끙!"

하지만 그래도 얼얼한 아픔이 엉덩이에서부터 올라와 민우는 참지 못하고 신음 소리를 내고 말았지.

"괜찮아? 민우야! 넌 힘이 약하잖아! 그런데 이렇게 무턱대고 위로 올라가면 어떡해!"

"흥! 그럼 친구가 위기에 빠졌는데 손가락만 빨면서 멍하니 아래에서 기다리란 말이야? 난 죽어도 그렇게는 못해! 되든 안 되든 무조건 달려들어서 어떻게든 성우를 구해 낼 거야."

민우는 이렇게 외치고는 다시 기둥 위로 낑낑대며 올라가려고 했어. 소희는 그런 민우가 무척이나 위태롭게 여겨졌지.

"야! 이 바보야! 제발 그만해! 이젠 멈추라고! 헉! 이런,

네 팔꿈치에서 피가 철철 나잖아! 까악!"

소희는 민우를 말리기 위해 다가가다 민우의 팔꿈치에서 철철 흐르는 피를 보았어. 그 즉시 소희는 마치 뱀을 만난 개구리처럼 몸을 부르르 떨면서 소리를 질러댔지.

피를 본 소희는 순간 어릴 적 겪었던 사고가 떠올라 까무러치게 놀란 거였어. 민우는 그런 소희를 힐끔 내려다보았다가 묵묵히 다시 철제 기둥을 잡고 올라갔지. 부들부들 떨리는 손으로 위태롭게 기둥을 잡고 올라오는 민우를 본 성우가 이내 뭔가를 단단히 결심한 표정으로 눈을 반짝 빛냈어.

"민우야! 이제 그만 올라와도 돼! 난 네가 다치는 걸 원치 않아! 그리고 미안한데 난 아무래도 여기까지인 거 같다. 팔에 점점 힘이 들어가지 않아. 그러니까 이제 그만 해!"

성우는 하얗게 얼굴이 변한 상태에서도 용기 내어 이렇게 말하며 자신을 도우려 하는 민우를 말렸어. 그러고는 고개를 돌려 아직도 각성하지 못해 어쩔 줄 몰라 하는 준수를 쳐다보았지.

"준수야! 네가 날 돕지 못하는 거 난 이해해. 아무리 너라도 여기까지 올라와서 날 구할 순 없겠지. 아마 내가 너와 같은 상황이었어도 마찬가지였을 거야. 그러니까 그만 괴로워했으면 좋겠어."

직업을 각성하지 못해 괴로워하던 준수는 그 순간 머릿속에서 엉클어진 실타래처럼 복잡하게 얽혀 있던 생각들이 단번에 뚝 끊어지는 느낌을 받았어. 그 찰나 준수의 가슴에 단 전자명찰에서 환한 빛이 뿜어져 나왔지.

동시에 준수의 근육이 마치 공기가 꽉 찬 풍선처럼 부풀어 오르기 시작했어. 그러면서 동시에 볼록 튀어나왔던 배가 쏘옥 들어가더니 믿을 수 없게도 탄탄한 복근이 생겼지. 온몸을 휘감는 끓어 넘치는 힘에 준수는 희미하게 미소를 지었어. 준수는 열쇠수리공에서 '**기계체조 선수**'로 바뀐 자신의 전자명찰을 잠시 내려다보다 이윽고 천천히 고개를 들었지.

다시 각성한 준수는 아슬아슬하게 버티는 성우에게 조금만 더 버텨 달라고 외치고는 복잡하게 얽힌 철제 기둥을 잡고 능숙하게 오르기 시작했지. 마치 날렵하게 나무 위로 오르는 날다람쥐처럼 준수는 위로 '슉슉' 올라갔어.

순식간에 거꾸로 매달린 청룡열차 위로 도착한 준수는 손을 뻗어 고장 난 안전장치를 붙잡고 간신히 버티는 성우의 손목을 꽉 움켜잡았어. 그러고는 마치 퍼덕거리는 물고기를 물 위로 낚아 올리듯 성우를 청룡열차 위로 잡아 올렸지.

"헉! 말도 안 돼! 어떻게 네가 여기까지 순식간에 올라와 물고기 낚아채듯 날 끌어올릴 수 있는 거지? 물론 아깐 너무나도 다급했던 나머지 내가 너한테 도움을 요청하긴 했지만, 이건 정말이지 말이 안 되는 일이잖아. 너 진짜 내가 아는 그 준수 맞냐?"

성우가 부들거리는 자신의 팔을 주무르면서 도깨비에 홀린 표정으로 준수를 바라보았어.

"하하! 척 보면 모르겠어. 나 준수야. 네 친구 송준수라고!"

준수는 도저히 믿기지 않는다는 듯 얼빠진 표정을 한 성우를

보며 해맑게 웃었어. 그 순간 그동안 마음을 무겁게 짓누르던 거대한 바위가 감쪽같이 사라진 듯했지. 볼록 튀어나왔던 배가 쑥 들어가고 동시에 강철처럼 단단해진 순수의 근육을 보며 성우는 이해할 수 없다는 듯 계속 고개를 갸웃거렸어.

"여차저차한 일이 있었는데 그건 나중에 얘기해 줄게. 그것보다 성우야! 난 사실 지금까지 널 원망했었어."

"그게 대체 뭔 소리야? 난 너한테 딱히 잘못한 일이 없잖아. 그런데 네가 왜 날 원망해? 우린 그동안 친하게 잘 지냈잖아."

"맞아. 우린 줄곧 잘 지냈지. 하지만 넌 언제나 나보다 뛰어났었잖아. 그런 너 때문에 난 열등감에 빠질 수밖에 없었어."

"야! 우린 아직 어려. 그런데 지금 고작 내가 한 발자국 앞서나간 게 대체 뭔 의미가 있겠어. 조금만 더 시간이 흘렀더라면 분명 네가 날 뛰어넘었을 거야. 과거의 넌 착실하게 날 따라잡고 있었어. 그것도 아주 무서운 속도로 말이지. 난 그때마다 확실하게 차이를 벌리기 위해 뒤에서 이를 악물고 열심히 노력했어. 하지만 넌 정말 무섭도록 빠르게 발전했지. 그래서 곧 너한테 따라잡히게 되리라고 생각했어. 하지만 그러던 어느 순간 이해할 수 없게도 네가 더 이상 나에게 도전하지 않더라."

"맞아. 네 말이 전부 다 맞아. 그래서 처음엔 나도 네가 말한 것처럼 생각하면서 어떻게든 노력해서 널 넘어서려 했지. 하지만 그래도 계속 지기만 하니까 좌절할 수밖에 없게 되더라. 무엇보다 날 진심으로 생각해 주는 너에게 난 화조차 낼 수 없었지. 이렇게 말하긴 그렇지만 어쩌면 그때 네가 날 깔보고 무시했더라면 난 오기가 나서라도 내 꿈을 포기하지 않았을 거야. 하지만 그렇지 않았기에 난 계속 지기만 하는 나 자신을 향해 불만을 터뜨릴 수밖에 없었어. 그러다 이기기를 포기하게 되었던 거야. 그리고 나선 결국 너까지 원망하게 되었지. 질투에 휩싸여서 말이야."

"흥! 뭔 말도 안 되는 소리야. 그럼 내가 친구인 널 깔보고 무시했어야 했단 말이야?"

"물론 그건 아니지. 난 네가 항상 날 응원해 준 거에 대해 무척이나 고마워하고 있어. 하지만 안타깝게도 과거의 난 너무나도 속이 좁았지. 그리고 그런 나 자신에게 더 실망해서 결국 난 나를 사랑하지 않게 되었다고 말하는 거야."

"흐음, 그랬구나. 네가 방금 날 구했을 때 넌 너무나도 빛나 보였는데 지금은 왜 이렇게 네가 작아 보일까? 아니,

그걸 넘어서 좀 찌질해 보인다."

"흥, 그건 나도 마찬가지거든. 살려달라고 울고불고 애원할 때 네가 얼마나 볼품없이 보였는지 알아?"

준수와 성우는 레일에 뒤집힌 채 매달려 있는 청룡열차 위에 앉아 서로를 바라보다 피식 웃었어.

"아무튼 넌 위기에 빠졌는데도 널 구하려는 민우를 말렸지. 그뿐만 아니라 내가 죄책감을 느낄까 봐 걱정했어. 그 순간 그동안 내가 했던 고민이 다 하찮게 느껴졌어. 그리고 동시에 난 새로운 꿈을 꾸게 되었지. 난 운동선수로 성공하여 메달을 따겠단 꿈을 더는 미련 없이 버렸어. 대신 너처럼 마음이 넓은 사람이 되고 싶단 꿈을 꾸게 되었지. 그러자 거짓말처럼 그때까지 그렇게나 되지 않던 각성을 할 수 있었어. 그래서 널 구할 수 있었던 거야."

"난 네 생각만큼 마음이 넓은 사람이 아니야. 근데 대체 그 각성이라는 게 뭐야? 아까 처음에 네가 여차저차한 일을 겪었다고 했는데 그거랑 관련 있는 거 맞지?"

"아! 맞다! 그걸 모르면 이해할 수가 없지! 그럼 지금부터 우리가 아침에 겪었던 놀라운 일에 대해 얘기해 줄게."

준수는 성우에게 지금까지 겪었던 일들에 대해 차근차근 이야기했어. 귀 기울여 듣던 성우는 고개를 갸웃거리기도 하고 끄덕이기도 하면서 준수의 이야기에 빠져들어 갔지. 마침내 준수가 겪었던 일을 다 듣는 그 순간 아래에서 민우의 목소리가 들려왔어.

"둘 다 거기서 뭐 하는 거야? 빨리 내려와! 이제 다른 애들도 구하러 가야 할 거 아니야! 지금 우리 도움을 필요로 하는 사람들이 많다고!"

"알았어. 보채지 마. 지금 내려갈게."

준수는 이렇게 대답하면서 성우가 천천히 기둥을 잡고 아래로 내려올 수 있게 도와주었어. 성우는 고장 난 안전장치를 잡고 버티느라 기운이 다 빠진 상태였기 때문에 세심히 신경 써 줘야만 했지. 준수의 도움을 받으면서 성우는 조심스럽게 밑으로 내려갔어. 그렇게 준수의 도움을 받은 성우가 마침내 땅바닥에 발을 내딛자 모두가 박수를 치며 기뻐했어.

삼총사는 청룡열차에 매달린 채 버티다가 완전히 지쳐서 더는 움직이기 힘든 성우에게 직업 교육 센터에서 구출한 도운이를 맡겼어. 그러고는 또다시 다른 사람들을 구하려 하였지. 하지만 도운이가 고집을 피우면서 또 따라오려고 했어. 그러자 민우는 이렇게 도운이를 달랬지.

"도운아! 넌 여기에 있었으면 해. 청룡열차에서 있었던 사고 때문에 지금 성우는 여기서 쉬어야만 해. 그런데 혼자 놔둘 수는 없지 않겠어. 그러니 네게 부탁할게."

"으웅, 형들과 누나를 계속 따라다니고 싶지만 어쩔 수 없네요. 알겠어요. 제가 여기서 다친 성우 형이랑 같이 있을게요. 형들과 누나는 또다시 위기에 빠진 사람들을 구했으면 좋겠어요."

"그래. 고맙다. 그럼 우린 가 볼게, 도운아!"

도운이에게 찡긋 눈웃음을 날린 민우는 다른 친구들과

함께 서서히 사라져 갔어. 도운이는 두 손을 불끈 쥔 채 눈에서 완전히 사라질 때까지 멀어져 가는 삼총사를 뚫어져라 바라보았지.

3. 동물원

"우끼! 우끽! 우끽우끼끼! 우끼긱!"

"으악! 누가 우릴 좀 구해 주세요!"

'와당탕' 꿈누리랜드 내 동물원에서 누군가 도움을 요청하는 다급한 목소리가 들려왔어. 놀란 삼총사는 서둘러 동물원으로 달려갔지. 거기서 반 친구인 윤서와 동하가 몸을 웅크린 채 원숭이가 던지는 물건에 맞고 있는 게 눈에 들어왔어. 지진의 충격으로 울타리가 망가지자 그 틈을 노려 원숭이들이 밖으로 뛰쳐나온 게 아닐까 생각되었지. 그런데 왜 저렇게 원숭이들이 윤서와 동하를 괴롭히는지 이해되지 않았어.

"내 친구들을 괴롭히지 마!"

근육이 빵빵하게 부푼 준수가 바닥에서 막대기를 주워 들고는 원숭이들을 내쫓기 위해 휙휙 휘둘렀어. 하지만 날렵하기 이를 데 없던 원숭이들은 "우끽! 우끼끼!" 소리를 내며 요리조리 쓱쓱 얄밉게 다 피했지. 그러면서 장난감 상점에서 잔뜩 훔쳐 온 인형들을 윤서와 동하에게 계속 던졌어.

"그만해! 제발 그만 좀 던져! 아까 먹는 걸 가지고 장난친 일 때문에 이러는 거라면 사과할게. 그러니까 이젠 제발 좀 멈춰 줘."

동하가 날아오는 상어 인형을 막기 위해 팔로 얼굴을 가리면서 이렇게 소리쳤어.

"그러게 왜 먹는 거로 장난쳐서 원숭이들을 화나게 만든 거야. 이건 전부 다 네 책임이야."

"흥, 아까 줄 듯 말 듯 장난칠 때는 너도 재미있다고 깔깔댔잖아! 그러면서 더 약 올려 보라고 했잖아! 그런데 이제 와서 전부 다 내 탓이라는 거야?"

윤서가 짜증 섞인 목소리로 동하를 탓하자 동하도 참지 않고 볼멘 목소리로 윤서에게 항의했어. 아옹다옹하는 둘의 대화를 듣던 삼총사는 그제야 대체 왜 저렇게 원숭이들이 화가 났는지 알게 되었지.

"휴우~, 어떻게 너희들은 여기까지 와서도 사고를 치냐! 제발 철 좀 들어라!"

"흥! 우리 반 최고 문제아이자 사고뭉치인 네가 우리한테 지금 잔소리하는 거냐? 살다 보니 참 별일도 다 있네. 기가 차서 말도 안 나온다."

"맞아! 매일같이 온갖 사고를 혼자 다 저지르는 네가 우리에게 이렇게 잔소리할 수는 없어!"

민우의 타박에 윤서와 동하가 한목소리로 반발했어. 하지만 지금은 그게 문제가 아니었지. 원숭이들이 다시 윤서와 동하에게 인형들을 던지기 시작한 거야. 아니, 그걸 넘어서 그들 곁에 얌전히 서 있던 사고뭉치 삼총사에게도 인형이 날아들었지.

"칵! 우린 아무 잘못도 하지 않았는데 우리한테도 인형을 던지네? 이 콩알만 한 원숭이들아! 그만 멈춰! 안 멈추면 너희는 혼쭐이 나게 될 거다!"

민우가 씩씩거리면서 외쳤어. 하지만 원숭이들은 멈추지 않고 계속 인형을 던져댔지. 그 바람에 운동신경이 좋지 못했던 민우는 마치 비를 맞듯 인형에 온몸을 두들겨 맞았어. 다행히 말랑말랑한 인형이었기 때문에 다치진 않았지.

한편 기계체조 선수로 각성한 준수는 가로등을 붙잡고 휙휙 멋지게 돌면서 날아오는 인형들을 쓱싹 다 피했어. 하지만 그런 준수에게 시선이 집중된 원숭이들이 사방에서 인형을 있는 힘껏 날려대자 결국 준수도 흠씬 두들겨 맞을 수밖에 없었지.

화가 잔뜩 난 준수는 이 상황에서 벗어날 수 있는 다른 직업을 각성하기로 했어. 곧 준수의 가슴에 매단 전자명찰에서 빛이 깜박이다가 이내 다른 직업이 선명하게 떠올랐지. 준수는 각성하고자 했던 직업이 전자명찰에 떠오르자마자 바닥에 놓인 빗자루를 번쩍 집어 들었어.

"뭐지? 청소부로 각성한 건가?"

뒤에 있어서 각성한 직업이 떠올라 있는 준수의 전자명찰을 보지 못한 민우가 고개를 갸웃거렸어. 그때 소희가 민우에게 울적한 목소리로 하소연했지.

"그보다 난 왜 각성하지 못하는 걸까? 나도 마음먹은 대로 척척 직업을 각성하는 준수처럼 각성하고 싶은데 말이야. 혹시 난 어떠한 특기나 소질도 없는 걸까?"

"그럴 리가 있겠어. 누구나 자신만의 특기를 가지고 있는 법이야. 그러니까 자신감을 가져. 소희야! 지금과 같은 위급 상황에서는 신체 능력이 필요한 일이 많잖아. 그래서 원래부터 운동신경이 좋았던 준수가 우리보다 빨리 각성한 것뿐이야. 너도 곧 각성할 테니 너무 고민하지 마."

평소와 다른 진지한 태도로 민우가 시무룩한 소희를 위로해 주었어. 아무리 장난기 많은 민우라도 이런 상황에서까지 장난을 치진 않았지.

그때 빗자루를 집어 든 준수가 잠시 허공에 휙휙 휘둘러 보더니 마치 야구 배트 잡듯 두 손으로 꽉 빗자루를 움켜잡았어. 그 모습이 얼핏 타석에 선 타자처럼 보였지. 그러고는 사방에서 자신을 향해 날아오는 인형들을 마치 야구공을 치듯 빗자루를 휘둘러 다 쳐냈어.

"꽥! 꽤액! 우끼익!"

"우끼! 우끼끽! 꽤애액!"

빗자루에 맞고 날아간 인형들은 놀랍게도 그걸 던진 원숭이들을 정확히 맞추었어. 그런 준수의 전자명찰에서 '야구 선수'란 직업명이 선명하게 빛나고 있었지. 그랬어. 준수는 야구 선수로 각성한 거였지. 그런데 자신이 던진 인형에 맞은 원숭이들 중 하나가 철조망 위에서 비틀거리다 아래로 뚝 떨어지고 말았어.

"안 돼!"

그걸 본 소희가 온몸을 날려 떨어지던 원숭이를 두 팔 벌려 받아내면서 바닥을 데구루루 굴렀어. 소희 덕택에 철조망 위에서 떨어진 원숭이는 다행히 무사할 수 있었지. 소희는 씩씩거리면서 준수에게 따졌어.

"야! 그렇게 무턱대고 원숭이들을 맞추면 어떡해! 원숭이들은 우리보다 몸집이 작잖아! 그래서 크게 다칠 수 있단 말이야!"

준수에게 따지는 소희의 가슴에 단 전자명찰이 이내 반짝 빛나더니 **'동물보호사'**란 직업명을 띄웠어. 민우는 동물보호사로 각성한 소희와 야구 선수로 각성한 준수를 번갈아 보다 황급히 싸우는 둘을 말리려 했지. 하지만 준수와 소희는 이에 아랑곳하지 않고 계속 말다툼을 이어 나갔어.

"아니, 그럼 원숭이들한테 계속 시달리란 말이야? 게다

깡

가 원숭이들은 지금 아무 잘못도 하지 않은 우리까지 공격했잖아. 그런데도 가만히 맞고만 있어야 해?"

"그런 건 아니지만 아무리 그래도 원숭이들을 다치게 하는 건 옳지 않아. 원숭이들을 다치지 않게 제압할 방법이 분명 있었을 거야. 우린 그 방법을 찾아 원숭이들을 안전하게 제압했었야만 했어. 그리고 무엇보다 설령 그런 방법이 없다고 하더라도 원숭이들을 공격하는 건 옳지 않아. 우리가 고통스럽다고 그들을 고통스럽게 만드는 건 해선 안 되는 행동이야. 이건 누군가가 나에게 피해를 주었다고 나도 똑같이 피해를 주는 것과 같아. 그럼 둘 다 똑같이 잘못을 저지르게 되는 거잖아. 게다가 우린 원숭이들의 별거 아닌 공격에 딱히 다칠 정도의 피해를 입지는 않았잖아? 하지만 우리가 복수하겠다고 나서면 원숭이들은 크게 다치고 말 거야."

"흥! 지금의 넌 마치 동물보호사나 환경보호가처럼 답답한 소리만 늘어놓는구나. 난 그런 사람들을 좋아하지 않아. 왜냐하면 동물을 먹지 말아야 한다느니 전기세가 올라도 화석연료를 쓰지 말아야 한다는 둥 말도 안 되는 억지를 부리곤 하니까 말이야. 그렇지만 그런 건 다 현실과 맞지 않는 답답한 의견일 뿐이지. 지금도 마찬가지고 말이야."

"동물을 사랑하지 않고 환경을 무시하니까 지금 세상이 이렇게나 어지러워진 거잖아. 무엇보다 눈물이 있고 감정이 있으면 그렇게 말할 수 없어. 넌 정말 못됐어!"

"뭐라고? 그럼 내가 피도 눈물도 없는 사람이라는 거야?"

"어이! 둘 다 그만 싸워! 우리끼리 이러면 어쩌자는 거야."

소희는 단순히 동물보호사란 직업을 각성한 걸 넘어서 깊이 직업에 몰입했어. 그 바람에 평소보다 더 심하게 준수와 다투었지. 그걸 지켜보던 민우는 답답하다는 듯 가슴을 탕탕 치면서 둘을 말리려 하였어.

하지만 민우의 거듭된 중재에도 불구하고 소희와 준수

는 말다툼을 계속 이어 나갔어. 그 틈을 타서 소희의 품 안에 안겨 있던 원숭이가 뛰어올라 재빨리 옆에 있던 가로수의 가지 위로 올라탔지.

"어? 허걱!"

원숭이를 놓친 소희가 고개를 돌리다가 어느 사이엔가 다가온 원숭이 떼가 일행을 둘러싼 채 눈을 빛내고 있는 걸 알아차렸어. 소희와 준수의 말다툼에 정신이 팔려 있던 다른 애들도 그제야 자신들이 원숭이 떼에 둘러싸였다는 걸 깨달았지.

준수는 들고 있던 빗자루를 단단하게 움켜쥐었어. 날카롭게 이를 드러낸 원숭이들은 한꺼번에 뛰어올라 일행을 공격할 기회를 노렸지. 준수가 쳐낸 인형에 맞아서 원숭이들의 화가 머리끝까지 난 게 분명해 보였어.

'이러다간 원숭이 떼와 우리들 모두 크게 다치고 말 거야. 대체 어떻게 해야 모두 무사할 수 있을까?'

'붕붕' 위협적으로 빗자루를 휘두르는 준수 때문에 바로 달려들진 못했지만, 곧 원숭이 떼가 한꺼번에 공격할 거라는 건 명확해 보였지. 하지만 누구도 다치는 걸 원치 않았던 소희는 어떻게든 이를 막으려 했어. 그러던 중 소희의 전자명찰에서 반짝 빛이 났지. 그와 동시에 소희가 일행에게 크게 소리쳤어.

"모두 눈을 내리깔아! 고개를 푹 숙이라고! 원숭이를 노려보면 절대 안 돼!"

"지금 무슨 말도 안 되는 소릴 하는 거야!"

화를 버럭 내던 준수의 눈에 소희의 가슴에 찬 전자명찰에 떠 있는 '사육사'란 글자를 보였어. 그랬어. 동물을 사랑했던 소희가 동물을 다루는 직업인 사육사로 각성한 거였지.

"얘들아! 소희 말대로 고개를 푹 숙인 채 원숭이 떼를 절대 쳐다보지 말자!"

소희가 사육사로 각성한 사실을 깨달은 준수가 이렇게 외친 뒤 자신도 고개를 푹 숙였어. 당황하던 다른 애들도 준수의 말에 따라 일단 고개를 푹 숙인 채 몸을 잔뜩 웅크렸지.

"우끼! 우끼익!"

그때 원숭이 떼가 날카로운 손톱을 치켜들면서 일제히 뛰어올랐어. 하지만 일행 근처로 착지한 원숭이 떼가 놀랍게도 공격을 멈춘 채 고개를 푹 숙인 채 웅크리고 있는 일행의 주위만 빙글빙글 맴돌았지. 원숭이들 중 일부는 일행을 툭툭 건드리기도 하고 킁킁 냄새를 맡기도 하였지만, 누구 하나 공격하지 않았어. 참으로 놀라운 일이었지. 한참을 그러다 흥미를 잃었는지 원숭이들은 서서히 흩어져 버렸어.

"후아! 이게 어떻게 된 일이지? 왜 원숭이 떼가 공격을 멈춘 거냐고?"

그동안 숨까지 참으면서 웅크리고 있던 준수가 기지개를 펴면서 소희에게 물어보았어.

"원숭이들에게 있어 눈을 마주친다는 건 싸우자는 걸

의미해. 그러니까 고개를 푹 숙이고 눈을 마주치지 않으면 원숭이들은 상대방이 싸울 마음이 없단 걸로 받아들이고 절대 공격하지 않아."

"호오! 사람이랑 비슷하네."

"사람이랑 비슷하기는 뭐가 비슷하냐. 뭐 하긴 너처럼 아무 때나 눈싸움을 거는 애한테는 비슷해 보이겠네."

불쑥 준수와의 대화에 끼어들어 엉뚱한 소리를 늘어놓는 민우에게 소희는 핀잔을 주었어.

"꺄아아아악! 독사다! 독사가 우릴 물려 한다!"

"소희야! 이번에도 우릴 구해 줘! 제발 부탁할게!"

그때 벽을 등지고 서 있던 윤서와 동하가 기겁을 하며 비명을 질러댔어. 어느 사이엔가 스멀스멀 다가온 커다란 코브라가 윤서와 동하의 발밑에서 혀를 날름날름 내밀고 있었지.

"외알안경코브라다! 이 코브라는 마비를 일으키는 무서운 독을 갖고 있어."

소희는 코브라 등에 나타난 외알 무늬를 보고 한눈에 코브라의 종류를 알아차렸지. 그러자마자 재빨리 준수가 아직도 들고 있던 빗자루를 낚아채고는 날렵하게 뻗어 코브라의 목 부분을 지그시 눌렀어.

그러고는 퍼덕거리는 코브라의 꼬리를 잡아채 위로 번쩍 들어 올렸지. 그렇게 거꾸로 공중에 떠 있게 된 코브라는 마치 바닷가에서 막 건져 올린 갈치처럼 퍼덕거렸어. 소희는 재빨리 요동치는 코브라의 목 부분을 손으로 확 잡아채고는 좌우로 흔들어댔지. 그러자 놀랍게도 벽시계의 추처럼 좌우로 흔들리던 코브라가 스르르 눈을 감고 잠들어 버리는 게 아니겠어.

"휴! 다행이다!"

능숙하게 코브라를 제압한 소희가 왼손으로 이마의 땀을 훔쳐 냈어. 그러고는 근처에 있던 철제 우리 안에 외알 안경코브라를 툭 던져 넣고는 재빨리 문을 잠갔지. 그렇게 위기를 넘긴 소희는 가슴에 단 전자명찰을 매만지면서 서서히 생각에 잠겨 들어 갔어.

'결국 난 동물보호사와 사육사로 각성했구나. 웬만하면 이런 직업들을 각성하고 싶지 않았는데 결국 이렇게 되었네.'

소희는 전자명찰을 만지작거리면서 그동안 묻어 두었던 옛날 기억을 천천히 떠올리기 시작했어. 그건 1년 전 학교 근처 공원에서 있었던 일이었지.

"뭐 하는 거야? 개미를 그렇게 괴롭히면 어떡해! 개미도 우리처럼 소중한 생명을 갖고 있는 거 몰라? 게다가 쓰레기를 저렇게 함부로 풀밭에 버리면 어떡해. 풀밭에 사는 곤충들이 저런 쓰레기 때문에 얼마나 고통스러워하는지 모르는 거니? 빨리 쓰레기 주워!"

어릴 적부터 환경 보호와 동물 보호에 관심이 많았던 소희가 공원을 어지럽히면서 놀고 있던 친구인 윤서와 동하에게 잔소리했어.

"흥! 우린 개미와 재미나게 놀고 있었던 것뿐이야. 그리고 쓰레기 좀 버린 걸로 그렇게 요란 좀 떨지 마. 따지고 보면 여기에 쓰레기통을 설치하지 않은 어른들 잘못이 더 큰 거 아니겠어."

"맞아! 동하 말이 옳아! 그리고 이왕 말 나온 김에 더 말해 볼게. 요즘 들어 네가 환경오염이 심각해진다면서 하도 유난 떨어서 다들 얼마나 짜증스러워하는지 알아? 차마 네 앞에선 말 못 하고 다들 꾹 참아 주고 있는 거라고. 진짜 답답해서 너하고는 더는 같이 못 놀겠다."

윤서와 동하가 벌떡 일어더니 항의의 의미로 바닥에 깔린 모래를 세차게 발로 걷어찼어. 그리고는 뒤도 안 돌아보고 떠나갔지. 소희는 뒤에서 목청 높여 둘을 불렀지만 윤서와 동하는 끝내 뒤돌아보지 않았어. 그렇게 둘과 멀어지게 되었지.

그날 저녁 소희는 식탁에 앉아 자신의 착잡한 마음을 어머니께 털어놓았어. 엄마는 소희가 겪었던 일을 차분히 다 들으시고는 천천히 입을 여셨지.

"소희야. 네 얘긴 잘 들었단다. 우리와 함께 살아가는 동물들을 친구처럼 생각하는 내 딸이 난 자랑스럽구나. 하지만 이제 더 이상 친구들에게 환경을 생각하라고 얘기하지 않는 게 좋겠구나."

"왜요? 제가 잘못한 건 없잖아요. 전 우리와 함께 살아가는 동물들이 아파할 때마다 마음이 너무 아파서 견딜 수가 없는걸요."

"환경오염을 생각해서 덥더라도 에어컨 온도를 조금만 더 낮추자거나 손 씻는 데 물을 너무 많이 쓰지 말라고 계속 얘기했다고 했지? 하지만 이런 조언을 친구들은 그저 잔소리로 여기고 피곤해하는 거 같구나. 소희야. 난 네가 할 만큼 했다고 생각해. 그러니까 안타깝지만 이제 그만하렴. 물론 엄마는 네가 옳은 일을 했다고 생각한단다. 하지만 착한 네가 더 이상 상처받지 않았으면 좋겠구나."

"아니, 지금도 많은 동식물이 환경오염으로 인해 고통받다 사라져 가요. 전 그걸 생각하면 마음이 찢어질 듯 아파서 도저히 견딜 수가 없어요. 우리가 불편하고 어렵더라도 죽어 가는 다른 생명들을 생각한다면 참을 수 있는 거 아닌가요? 그래서 전 힘들지만 계속 노력하고 싶어요. 지금은 아니지만 언젠가 친구들도 이런 제 마음을 이해해 줄 날이 오지 않을까요?"

"그러니까 난 올지 안 올지 모를 그 날을 기다리며 네가 노력하다 계속 상처받는 걸 원치 않는단다. 분명 넌 옳지만 안타깝게도 그런 네 얘기를 다른 애들은 잔소리로만 받아들이니까 이만하는 게 좋겠다고 말하는 거야. 아니면 다른 애들의 기분을 상하게 하지 않게 하면서도 환경 보호할 수 있는 방법을 찾아보는 게 좋겠다."

"피이! 그런 방법이 어디 있어요."

"아니야. 하늘은 해결할 수 있을 정도의 문제만 주는 법이란다. 그리고 해결 방법은 늘 가까운 곳에 있어. 네가 아직 문제를 해결하지 못하는 건 그저 네가 해결책을 찾지 못했을 뿐이란다."

"매번 하시던 그 말씀이시네요. 하지만 전 하늘이 해결할 수 없을 정도의 문제도 내려 준다고 생각해요."

“둘 다 그쯤 해 둬. 어차피 동물보호사나 환경보호가는 고생만 죽어라 하고 돈은 되지 않는 직업들일 뿐이야. 무엇보다도 많은 사람이 답답해하고 싫어하는 직업들이지. 그러니까 동물이 그렇게 좋다면 수의사가 되어 보는 게 어떻겠니? 이 아빠는 동물을 사랑하는 너의 그 따뜻한 마음을 잘 살려서 부자가 되었으면 좋겠구나.”

“여보! 애한테 그렇게 말하면 어떡해요. 그건 지금 돈만을 따지자는 거잖아요.”

“아니, 뭐, 내가 틀린 말 했어. 세상에서 가장 중요한 건 돈이야. 우리가 지금 먹고 입고 쓰는 게 다 하늘에서 그냥 뚝 떨어진 건지 알아? 무엇보다 돈이 많아야 남이 깔보지 않는다고! 그러니까 우리 소희는 돈 안 되는 동물보호사나 환경보호가 말고 수의사가 되는 거다. 알겠지?”

“이 양반이 듣자 하니깐 정말 못 하는 소리가 없네. 소희야, 아빠가 너무 피곤하셔서 지금 횡설수설하시는 거니까 귀담아듣지 말려무나.”

그 뒤로도 엄마와 아빠는 한참을 옥신각신하며 싸우셨

어. 그렇게 소희는 부모님께도 제대로 위로받지 못했지. 게다가 환경을 보호하겠다며 유난 떠는 아이로 찍혀 점점 학교생활이 어려워졌어. 그러다 결국 동물보호사와 환경보호가가 되겠다는 꿈을 접게 되었지.

"소희야!"

윤서와 동하가 쭈뼛거리면서 다가와 자신을 부르는 소리에 과거의 씁쓸했던 추억에 잠겨 있던 소희가 현실로 돌아왔어.

"응, 왜 불렀어?"

"이전에 네가 생명을 위해 환경 보호해야 한다며 애썼었잖아. 그때 유난 떤다면서 널 타박했던 거 사과할게. 내가 너무 생각이 짧았어. 미안해."

윤서가 얼굴을 붉히면서 고개를 푹 숙였어. 옆에 있던 동하도 뒷머리를 긁적이며 사과했지.

"소희야! 난 네가 아무리 덥더라도 에어컨 온도를 너무 낮추면 안 된다고 말렸던 게 기억나. 또 종이에 낙서하는 나에게 그렇게 종이를 낭비하면 안 된다고 지적하기도 했었지. 그때는 네가 너무 답답하게만 느껴져서 너에게 못할 말을 많이 했었던 거 같아. 미안해. 네가 그렇게 동물을 사랑하는 마음을 품고 있지 않았더라면 너는 아마 사육사로 각성하지 못했을 거야. 그랬다면 아마 우리는 지금처럼 무사할 수 없었을 테지. 정말 고마워. 네가 동물을 사랑한 것처럼 이제부터 나도 동물을 사랑해 볼게. 그리고 동물들이 더는 고통받지 않게 너처럼 환경 보호 활동을 열심히 해 볼게."

"알았어. 너희들의 솔직한 사과를 받아 줄게. 우리 함께 잘해 보자."

소희는 햇살처럼 밝게 웃으면서 동물보호사와 환경보호가의 꿈을 다시 꾸어 보기로 했어. 그렇게 깊이 잠들었던 소희의 꿈이 다시 기지개를 켰지.

4. 화재

“지금 청룡열차 근처에서 다친 성우가 휴식을 취하고 있어. 너희도 성우와 함께 거기서 쉬는 게 좋겠다. 다들 많이 지쳤잖아.”

소희가 윤서와 동하에게 이렇게 제안했어. 그러자 윤서와 동하는 다친 성우를 걱정하며 입을 열었지.

“청룡열차 근처에서 쉬고 있으란 말이지? 알겠어! 근데 성우는 많이 다쳤니?”

“아니, 다행히 크게 다치진 않았어. 참! 그곳에 가면 도운이란 귀여운 꼬마를 만날 수 있을 거야. 그 애를 잘 챙겨

줬으면 좋겠어."

"흐음, 너희가 우릴 구했던 것처럼 성우와 도운이도 구한 거 맞지? 진짜 대단하다. 알겠어. 너희 말대로 청룡열차 근처로 가서 그 애들을 보살필게. 아무튼 너희도 너무 무리하지 마. 위기에 빠진 사람들을 구하려다 혹여 다치지는 않을까 걱정된다."

"응. 네 말대로 조심해서 사람들을 구할게. 그럼 나중에 봐."

장난꾸러기 삼총사는 그렇게 동물원에서 만났던 애들과 헤어진 뒤 다시 사람들을 구하기 위해 나섰어. 마치 빼빼로처럼 빽빽하게 줄지어 심어진 가로수 길을 지나, 삼총사는 이윽고 연기를 뭉게뭉게 피워 내는 시뮬레이션관에 도착했지. 미래 세계를 미리 체험해 볼 수 있는 시뮬레이션관에서 화재가 발생한 거였어.

"여기 불이 났어요. 제발 절 좀 살려 주세요! 너무 무서워요! 엉엉!"

시뮬레이션관의 2층 창문 밖으로 같은 반 친구인 용화가 고개를 내민 채 다급하게 도움을 요청하고 있었어. 활활 타오르는 불길에 휩싸인 시뮬레이션관 1층은 연기로 뒤덮여서 안이 전혀 보이지 않았지. 도움을 요청하는 용화가 있는 2층으로도 불길이 날름날름 혀를 내밀고 있었어. 아주 위급한 상황이었지.

그걸 보고 화들짝 놀란 민우가 근처에 있던 소화기를 허겁지겁 집어 들고는 불을 끄려고 했어. 하지만 이해할 수 없게도 소화기의 안전핀이 뽑히지 않는 게 아니겠어.

"얘들아! 아무래도 이 소화기 고장 난 거 같아! 아무리 애를 써도 안전핀이 뽑히지 않네!"

"야! 소화기 손잡이를 꽉 잡은 채로 안전핀을 뽑으려고 하면 어떡해! 먼저 안전핀을 뽑고 난 뒤 손잡이를 움켜줘야 할 거 아냐!"

소희의 지적에 민우는 소화기를 바닥에 내려놓고 안전핀을 천천히 뽑아 보았어. 그랬더니 소희 말대로 꿈쩍도 하지 않던 아까와 달리 안전핀이 쏙 빠졌지.

'에고, 이렇게 쉬운 걸 끙끙 앓았네. 이제 손잡이만 꽉 움켜쥐면 되겠지!'

민우는 있는 힘껏 소화기의 손잡이를 꽉 움켜잡았어. 그 순간 소화기 호스에서 하얀 소화 기체가 거세게 뿜어져 나왔지. 하지만 거센 불길을 잡기엔 하나의 소화기만으론 너무나 부족했어. 그래서 안타깝게도 시뮬레이션관의 불을 끄는 데 실패하고 말았지.

"이제 어떡하지?"

늘 생각보다 몸부터 움직이고 보는 민우도 거세게 활활 타오르는 불길 앞에선 무언가 딱히 할 수 있는 게 없었어.

"얘들아! 제발 날 살려 줘! 숨이 막혀서 도저히 견딜 수가 없어. 콜록콜록! 제발 도와줘."

"어쩌지? 대체 어떻게 해야 용화를 구할 수 있는 거야?"

거센 불길이 스멀스멀 2층도 덮치기 시작하자 소희가 발을 동동 구르면서 안타까워했어. 그때 준수가 눈을 번쩍 빛내더니 꺾어지는 골목에 설치되어 있던 붉은 소화전을 향해 뛰어갔지.

골목에 도착하자마자 준수는 먼저 소화전에 설치된 뚜껑을 능숙하게 돌려서 열었어. 그러고는 옆에 설치된 소화전함 안에 말려 있던 호스를 풀면서 소화전에 연결하였지. 그 뒤 물이 분사되는 금속관인 노즐을 한 손으로 꽉 붙잡으면서 천천히 밸브를 열었어.

"얘들아! 이리 와서 소방 호스가 꼬이지 않게 다 같이 잡아 줘! 꼬이게 되면 제대로 물줄기가 발사되지 않거나 엉뚱한 곳에 발사가 될 테니까 말이야."

준수는 민우와 소희를 향해 이렇게 소리친 후 '좌아악' 거세게 물이 뿜어져 나오는 노즐을 두 손으로 꽉 붙잡은 채 시뮬레이션관으로 달려 나갔어. 이에 민우와 소희는 얼른 달려와 물이 가득 차올라 뱀처럼 꿈틀거리는 소방 호스가 꼬이지 않게 했지.

좌아아아악!

준수가 꽉 잡고 있는 노즐에서 마치 물대포가 발사되듯

강하게 물이 뿜어져 나왔어. 준수는 이 강력한 물줄기로 시뮬레이션관에 붙은 불을 끄기 시작했지. 그러는 동안 준수는 거센 물줄기가 뿜어 나오는 노즐을 온 힘을 다해 꽉 붙잡아 시뮬레이션관을 향하도록 고정시켰지. 민우와 소희도 소방 호스를 꽉 붙잡아 요동치지 못하게 했어. 거센 물줄기가 뿜어져 나오는 소화전을 다루는 건 생각보다 힘이 아주 많이 들어가는 일이었지. 그렇게 셋이서 힘을 합친 끝에 시뮬레이션관을 활활 태우던 불길을 끄는 데 간신히 성공했어.

"헉! 허억! 헉!"

장난꾸러기 삼총사는 누가 먼저라고 할 거 없이 동시에 자리에 주저앉아 송골송골 맺혀 있던 이마의 땀을 닦았

어.

“다행히 얼추 불은 꺼졌네. 이제 용화를 구하러 들어가 봐야겠다.”

다행히 불은 꺼졌지만 2층 창가 밖으로 구조요청을 했던 용화는 아직 1층으로 내려오지 않았어. 무엇보다 시뮬레이션관에서 더 이상 아무런 소리도 들려오지 않았지. 그러자 걱정이 된 준수가 후들거리는 다리를 짚으면서 힘겹게 일어섰어.

그런 준수의 가슴에 단 전자명찰에서 '소방관'이란 글자가 선명하게 반짝였어. 그랬어. 위기에 빠진 용화를 구하기 위해 준수는 소방관으로 각성한 거였지. 소방관이 된 준수는 재빨리 근처에 있던 오토바이 손잡이에 걸려 있던 헬멧을 들어 머리에 썼어. 그러고는 소화전의 남은 물로 자신의 온몸을 흠뻑 적시고는 시뮬레이션관 안으로 뛰어 들어갔어.

“용화야! 조용화! 괜찮니? 혹시 내 목소리 들려?”

불은 꺼졌지만 아직도 뜨거운 김이 바닥에서 올라오고 있었어. 준수는 바닥을 조심스레 밟으면서 천천히 2층으로 올라갔지. 검게 그을린 벽면과 시커멓게 타버린 바닥이 준수의 마음을 무겁게 만들었어. 천천히 주위를 살피면서 시뮬레이션관 2층 창가에 도착한 준수는 거기서 바닥에 쓰러진 용화를 드디어 발견했지.

“어? 용화가 쓰러져 있잖아! 용화야! 괜찮니? 혹시 내 목소리 들려?”

한걸음에 달려간 준수는 용화의 어깨를 잡고 흔들면서 깨우려고 애썼어. 하지만 안타깝게도 용화는 의식을 잃은 채 두 눈을 뜨지 못했지.

“안 되겠다. 빨리 응급센터로 용화를 옮겨야겠어.”

준수는 서둘러 쓰러져 있던 용화를 둘러업고는 뛰듯이 계단을 내려갔어. 넘어지면서 다쳤는지 아니면 그 전에 다친 건지는 모르겠지만, 용화의 어깨에서 흘러내리는 피로 준수의 티셔츠는 천천히 붉게 젖어 들어 갔지. 하지만 용화를 살리겠다는 생각으로 머릿속이 가득 차 있던 준수는 이를 알아차리지 못한 채 뛰고 또 뛰었어.

"용화는 괜찮아? 아! 이런! 용화의 어깨에서 피가 줄줄 흘러내리잖아!"

용화를 업고 시뮬레이션관에서 뛰쳐나온 준수에게 서둘러 다가가던 민우가 피를 보고 깜짝 놀라 이렇게 소리쳤어. 민우의 외침을 듣고 다가가려던 소희의 걸음이 딱 멈추었지. 피를 두려워하는 소희는 눈을 질끈 감은 채 몸을 부들부들 떨었어. 그런 소희를 준수는 걱정 섞인 눈빛으로 쳐다보았지.

"소희야! 어디 몸이 안 좋니? 왜 이렇게 몸을 사시나무처럼 떨어대는 거야?"

"미안해. 난 피만 보면 손발이 덜덜 떨리면서 마음이 진정이 안 돼."

용화의 긁힌 어깨에서 흘러나오는 피를 보지 않으려고 고개를 푹 숙인 채 눈을 꼭 감은 소희가 이렇게 대답하며 준수에게 미안해했어.

"나한테 미안할 게 뭐 있어. 피를 무서워할 수도 있지. 괜찮아. 난 충분히 이해해."

준수가 아무렇지도 않단 목소리로 이렇게 소희를 위로했어. 하지만 능글맞은 민우는 달랐지.

"아니, 네가 흘리는 피도 아닌데 왜 그토록 무서워하는 거야? 무엇보다 너도 나처럼 종이에 베이거나 코를 후비다가 그만 피를 쏟는 경우가 있었을 거 아냐? 그런데 어째서 그렇게 두려워하는 거지?"

"야! 조민우! 내가 너 같은 애인 줄 알아! 난 너처럼 종이에 베이거나 피가 나올 때까지 코를 후비지 않아!"

"그래, 알았어. 새벽이슬처럼 맑고 깨끗한 소희야! 네가 코를 후비지 않는다고 믿어 줄게."

"야! 조민우! 지금 너, 나 비꼬는 거지?"

홍시처럼 붉게 변한 얼굴로 악을 쓰는 소희를 바라보던 민우가 빙그레 웃음 지었어.

"호오, 이제야 원래의 너로 돌아왔네. 어때? 이젠 피를 봐도 무섭지 않지? 그렇지?"

"흥!"

소희는 팔짱을 끼면서 휙 고개를 돌렸어. 하지만 민우 말대로 아까 전처럼 손발이 덜덜 떨릴 정도로 무섭지는 않았지.

"이렇게 노닥거리고 있을 때가 아니야. 한시라도 빨리 용화를 응급센터로 옮겨야 해. 지금 용화는 아주 위급한 상황이야."

준수가 눈살을 찌푸리면서 둘을 돌아보았어.

"응급센터는 여기서 멀리 떨어진 곳에 있잖아. 거기까지 가려면 시간이 한참 걸릴 텐데 이거 어떡하지? 무엇보다 용화를 업고 가려면 시간이 훨씬 더 걸릴 테고 말이야. 아니, 무거운 용화를 업고 과연 거기까지 갈 수 있을지나 모르겠다."

걱정 가득한 소희의 말에 준수는 잠시 생각에 잠긴 얼굴로 고민하다 이윽고 고개를 번쩍 들었어.

"네 말이 맞아! 용화를 업고 거기까지 가기엔 거리가 너무 멀어. 그러니까 우리에겐 지금 차가 필요해. 일단 운전할 수 있는 차를 얻고, 그다음에 우리 중 누군가가 운전사로 각성하는 거야. 어때? 괜찮은 생각이지?"

이렇게 외친 준수는 용화를 업은 채로 주위에 주차된 차들을 살펴보았어. 하지만 차 문이 다 닫혀 있어서 설령 누군가 자동차 운전사로 각성한다고 할지라도 운전할 수는 없었지.

그때 민우가 뭔가 기발한 아이디어라도 떠올랐는지 손뼉을 찍 하고 쳤어.

"우리 저기 범퍼카장에 있는 범퍼카를 이용해 보자!"

"범퍼카로 용화를 옮기자고? 와우! 진짜 기발한 생각인걸. 그래, 범퍼카로 용화를 옮겨 보자!"

"민우 역시 넌 우리 반 최고의 아이디어맨이라니깐! 정말 대단해!"

준수와 소희는 엄지손가락을 들면서 민우를 치켜세웠어. 신이 난 민우는 시뮬레이션관 2층에서부터 용화를 업고 내려오느라 지친 준수에게 손을 내밀었지. 자신이 용화를 업겠다는 뜻이었어.

그렇게 해서 의식을 잃은 용화를 업게 된 민우는 범퍼카장를 향해 뒤뚱뒤뚱 걸음을 옮겼어. 소희와 준수는 그런 민우를 양옆에서 도왔지. 잠시 뒤 범퍼카장에 도착한 민우는 기절한 용화를 조심스레 범퍼카장의 대기 의자에 눕혔어.

“휴우~, 여기까지 업고 오는 게 이렇게 힘들 줄 몰랐네. 아직도 다리가 후들거려. 아마 차 없이 용화를 응급센터까지 옮기는 건 불가능할 거야.”

“고생했어. 민우야. 이제 나한테 맡겨.”

준수는 부들거리는 다리를 주무르는 민우를 지나쳐 성큼성큼 범퍼카장 안으로 들어갔어. 연한 보랏빛 핸들이 인상적인 범퍼카로 다가간 준수는 과거 타 보았던 경험을 되살리면서 범퍼카를 조작하기 시작했지.

하지만 범퍼카장 안에서는 그렇게나 씽씽 잘 굴러가던 범퍼카가 입구 밖으로 나오는 순간 갑자기 작동을 딱 멈추는 게 아니겠어.

“어라? 이거 왜 이러지? 고장이 난 건가?”

“아! 맞다. 나 어릴 적 TV에서 범퍼카의 움직이는 원리에 대해 설명하는 걸 본 적이 있어. 봐 봐! 범퍼카에 붙어 있는 저 기다란 막대가 보이지! 저 기다란 막대가 지금 천장에 닿아 있잖아. 저 천장에서 전기를 공급받아 범퍼카가 움직이는 거라고 했어. 그래서 가끔 방전이 일어날 때 천장에 닿은 범퍼카 막대기의 끝부분에서 불꽃이 튀기도 한다더라.”

“와우! 소희, 너 정말 똑똑하구나. 그러니까 네 말은 범퍼카장의 천장에서 흐르는 전기를 이용해 범퍼카가 움직인다는 거지? 아니, 근데 그렇단 말은 범퍼카가 여기를 벗어나면 더는 천장의 전기를 공급받을 수 없단 뜻이잖아? 그러면 범퍼카를 이용하자는 계획은 포기해야겠네? 하지만 그러면 용화를 도저히 응급센터까지 옮길 수 없는데 이제 어쩌지?”

삼총사는 각자 이 문제를 해결할 만한 또 다른 기가 막힌 방법이 있는지 고민해 보았지만 딱히 이거다 할 만한 좋은 방법을 떠올리지 못했어. 이러다 용화를 치료할 수 있는 시기를 놓치게 될까 봐 모두들 안절부절못했지. 그때 계속 서성이면서 고민하던 준수가 이윽고 눈을 빛내면서 소희와 민우를 쳐다보았어.

"아무리 고민해도 딱히 좋은 방법이 떠오르지 않아. 아무래도 어떻게 해서든 범퍼카에 용화를 태워 응급센터로 가야겠어."

"아니, 방금 전 소희가 얘기했잖아. 천장의 전기 공급이 끊기는 순간 범퍼카는 움직일 수 없다고 말이야."

"알아. 하지만 어떻게든 방법을 찾아봐야지."

준수는 주위를 살펴보다 범퍼카장 안의 기계 제어실로 들어갔어. 그리고 거기서 선반에 놓여 있던 공구를 이용해 전기를 공급하는 모터와 연결된 배터리를 떼어 내기 시작했지.

"야! 뭐 하는 거야? 너 그러다 전기에 감전될 수 있어. 그러니까 그만 멈춰!"

소희가 화들짝 놀라 준수를 말리려다 준수의 가슴에 단 전자명찰에서 '**전기기술자**'란 글자가 선명하게 빛나는 걸 보고 걸음을 멈추었어.

"그렇구나! 너 떼어 낸 배터리를 범퍼카에 연결할 생각이구나! 내 말 맞지?"

준수가 어떤 계획을 세웠는지 깨달은 소희가 손뼉을 딱 쳤어. 그러면서 소희는 머릿속으로 준수가 운동신경뿐만 아니라 손재주도 뛰어났다는 사실을 떠올렸지. 그랬기 때문에 준수가 이번에 전기기술자로 각성할 수 있었던 게 아닐까 추측했어. 정말 준수는 무수히 많은 가능성을 품고 있는 아이였지.

하지만 이 광경을 지켜보던 민우는 슬쩍 눈살을 찌푸렸어. 그동안 아무렇지 않은 척하고 있었지만 사실 민우는 속으로 멋진 직업을 각성한 준수와 소희를 질투하고 있었

지. 둘이 여러 직업들을 각성하면서 사람들을 돕는 데에 반해 자신은 아직 그 어떤 직업도 각성하지 못했기에 마음이 무척이나 착잡했어.

하지만 그러면서도 지금 둘이 위기에 빠진 친구들을 구하기 위해 저렇게나 고생하는데 속 좁게 질투나 하고 있는 자신이 너무나도 초라하게 느껴져 어떻게든 이를 드러내지 않으려 애썼지.

"이제 난 배터리를 범퍼카에 옮겨서 연결하려고 해. 그러니까 민우야! 넌 공구를 좀 챙겨 와 줘."

준수가 모터에서 떼어 낸 묵직한 배터리를 어깨에 걸치면서 민우에게 이렇게 부탁했어. 민우는 그 말에 정신을 차리고는 곧바로 몽키스패너를 비롯한 여러 작업 공구를 챙겨 준수의 뒤를 쫓았지. 준수는 민우가 넘겨준 공구들을 이용해 배터리를 범퍼카에 신중하게 연결하기 시작했어.

잠시 뒤 전기가 공급된 범퍼카에서 '부르릉' 하는 소리가 우렁차게 났지.

“앗싸! 이젠 밖에서도 범퍼카가 움직인다! 이제 우리 용화를 응급센터로 빨리 옮기자!”

소희가 펄쩍펄쩍 뛰면서 이렇게 환호했어.

“잠시만 기다려 봐. 너희 둘도 범퍼카에 타야 하잖아. 하지만 지금 이 범퍼카는 2인승이라서 두 명밖에 타지 못한다고.”

준수는 사슬을 이용해 범퍼카 뒤에 운반용 수레를 연결했어. 그 사이 민우는 대기 의자에 누워 있던 용화를 들어 운반용 수레에 눕혔지. 그러고는 기다란 줄로 여러 번 용화를 수레와 함께 감아 단단하게 고정시키고는 용화의 머리맡에 앉았어. 그러는 동안 범퍼카 운전에 자신이 있던 준수가 운전대를 잡고 운전할 준비를 하였지. 소희도 눈치껏 재빨리 준수 옆자리에 앉았어.

그렇게 일행이 다 타자마자 범퍼카는 부르릉 소리를 내며 곧장 응급센터로 향했어. 하지만 안타깝게도 지진으로 인해 도로는 아주 엉망인 상태였지. 지진의 충격으로 길바닥이 쩍쩍 갈라져 있었을 뿐만 아니라 쓰러진 길가의 나무들이 가는 길을 곳곳에서 가로막았어.

"다들 꽉 잡아! 방해물이 너무 많아서 아무래도 거칠게 운전해야 할 거 같아!"

범퍼카의 운전대를 꽉 움켜잡은 준수가 이렇게 외쳤어. 그 순간 준수의 가슴에 단 전자명찰에서 '운전사'란 글자가 반짝였지. 그랬어. 무사히 용화를 응급센터로 데려가기 위해 준수는 자동차 운전사로 각성한 거였어.

"부아아아앙!"

순간 배터리에서 많은 전기가 범퍼카에 빠르게 공급되었지. 이에 범퍼카는 도로를 빠른 속도로 질주했어. 준수는 마치 아슬아슬한 곡예 운전을 하듯 범퍼카를 운전하여 군데군데 금이 간 도로의 틈을 요리조리 피해 나갔어.

"꺅!"

그러던 중 눈앞에 부딪칠 듯 다가온 잔해를 보고 소희가 놀라 참지 못하고 소리를 내질렀어. 준수는 소희를 힐끔 보았다가 운전대를 돌려 차를 비스듬히 기울였지. 범퍼카는 옆으로 살짝 선 채로 아름답게 곡선을 그리며 잔해 사이를 아슬아슬하게 피해 지나갔어. 그렇게 준수가 곡예를 하듯 능숙하게 범퍼카를 운전한 덕에 삼총사는 응급센터에 예상보다 빨리 도착할 수 있었지.

"얘들아! 이제 어서 빨리 용화를 응급센터로 옮기자! 아까보다 상태가 더 안 좋아 보여! 아무래도 운전 중 범퍼카가 덜컹거리는 바람에 큰 충격을 받은 거 같아."

민우가 이렇게 외치고는 범퍼카 뒷자리에 눕혀져 있던 용화를 서둘러 업었어. 그러고는 눈앞에 보이는 응급센터로 뛰어 들어갔지. 소희와 준수도 그 뒤를 따라 안으로 들어가려고 했어. 그런데 그 순간 갑자기 준수의 전자명찰에 환하게 빛이 들어왔지.

삐빅! 능력과 적성에 맞는 직업을 충분히 각성하였기 때문에 준수 학생의 직업 각성 체험 프로그램은 이대로 종료됩니다. 준수 학생은 이제 더는 직업을 각성할 수 없습니다. 삐이이이~!

갑작스런 알림음과 함께 준수의 전자명찰에서 전기가 끊기면서 불이 나가버렸어.

"안 돼! 아직 구해야 할 사람들이 많이 남아 있어! 제발 다시 각성하게 해 줘."

준수는 빛이 사라진 전자명찰을 붙잡고 애원하듯 소리쳤지만 안타깝게도 그런다고 다시 준수의 전자명찰이 작동되는 일은 없었지.

"준수야! 넌 할 만큼 했어. 이젠 우리에게 맡겨. 그리고 지금은 빨리 응급센터 안으로 들어갈 때야."

준수는 자신을 잡아끄는 소희에게 이끌려 멍하니 걸음을 내딛었지. 그렇게 준수와 소희가 안으로 들어간 뒤 흔들리던 응급센터의 문이 다시 굳게 닫혔어.

5. 응급센터

“여기 누구 없나요? 응급환자가 있어요!”

안색이 파랗게 변한 채 가늘게 숨을 내쉬는 용화를 데리고 응급센터 안으로 들어온 민우는 이렇게 외쳤어. 하지만 다들 사람들을 구하러 갔는지 안타깝게도 안에는 아무도 없었지.

“내가 얼른 밖에 나가 의사를 찾아볼게!”

다급한 상황에 다시 정신을 차린 준수가 이렇게 말하고는 밖으로 나섰어.

“알았어. 그동안 우리가 용화를 돌볼게.”

용화를 업은 민우는 이렇게 대꾸하고는 응급실 안으로 들어갔어. 응급실로 들어선 민우는 하얀 수술대 위에 용화를 내려놓고는 이마의 땀을 훔쳤지. 그러다 민우는 용화가 숨을 내쉬지 않는다는 걸 알아차렸어.

"소희야! 큰일났어! 용화가 숨을 쉬지 않아! 이럴 땐 어떻게 해야 하지?"

"숨을 쉬지 않는다고? 어떡해! 안 돼! 민우야! 어떻게든 용화를 살려 봐!"

다급하게 민우가 소희를 쳐다보았지만 소희도 민우처럼 하얗게 변한 얼굴로 어쩔 줄 몰라 했지.

"어쩔 수 없지! 내가 용화한테 심폐소생술을 하겠어!"

허둥대던 민우가 갑자기 입술을 질끈 깨물고는 수술대 위로 올라갔어. 학교에서 심폐소생술을 배우긴 했지만 막상 이걸 위급한 용화한테 하려니 많이 부담이 되었지. 하지만 지금은 이 방법밖에 없었어.

마음을 굳게 먹은 민우는 숨이 멈춘 용화의 가슴을 세차게 눌러대기 시작했지. 용화를 업고 응급센터 안으로 들어오는 동안 완전히 지쳐버린 민우였지만 안간힘을 쓰며 심폐소생술을 계속 이어 나갔어.

소희는 헉헉대는 민우를 보고 자신이 대신 심폐소생술을 하겠단 뜻으로 다가가다 용화의 어깨에서 흥건하게 흘러나오는 피를 보고 움찔 몸을 떨었어.

사실 소희가 이렇게나 피를 무서워하는 데에는 이유가 있었지. 어린 시절 실수로 떨어뜨린 동전에 정신에 팔려 미처 꺾어지는 골목길에서 나오는 오토바이를 알아차리지 못한 적이 있었어. 오토바이에 소희가 치일 뻔한 그 순간 반려견 뽀삐가 앞으로 뛰어들었지. 오토바이에 소희 대신 치인 뽀삐는 동물병원으로 급히 옮겨졌고, 바로 치료를 받아 다행히 무사할 수 있었어. 하지만 그때 이후로 소희는 피만 보면 그때의 충격이 떠올라 꼼짝할 수 없게 되었지.

용화를 살리기 위해 온 정신을 집중하던 민우는 피를 보고 공포에 질린 소희의 상태를 미처 알아차리지 못했어. 민우는 용화를 살리기 위해 온 힘을 다해 계속 심폐소생술을 이어 나갔지.

팔에 쥐가 날 정도로 민우가 열심히 노력한 덕분에 다행히 다시 용화가 숨을 내쉬기 시작했어. 하지만 여전히 의식을 되찾지는 못했지. 게다가 숨을 내쉬어도 얼굴빛이 점점 더 검어지는 게 제대로 된 치료를 빨리 받지 않으면 정말 큰 일이 날 것만 같았어.

답답한 마음에 한숨을 내쉬던 민우는 문득 소희의 가슴에서 반짝 하고 빛이 나오는 걸 보았어. 소희의 가슴에 단 전자명찰에서 '의사'란 글자가 반짝 빛나면서 순간 떠올랐다가 곧 지워지듯 사라진 거였지.

"소희야! 방금 전 네 전자명찰에 의사란 글자가 나타났다 순식간에 사라졌어. 아무래도 네게 의사가 될 가능성이 있는 거 같아. 난 네가 꼭 의사로 각성해서 용화를 치료했으면 좋겠다."

"뭐? 내가 의사가 될 자질이 있다고?"

황급히 자신의 전자명찰을 내려다본 소희도 흐릿하게

의사란 글자가 떠올랐다가 사라지는 걸 보았어. 민우는 문득 생명을 너무나도 소중하게 생각하는 소희의 착한 마음씨가 의사가 될 가능성을 열었다고 생각했지.

하지만 안타깝게도 소희는 동물보호사나 사육사로 각성했을 때처럼 쉽게 의사로 각성하지는 못했어. 계속 의사란 글자가 전자명찰에 떠오르기는 했으나 곧 연기처럼 사그라들기를 반복할 뿐이었지.

"미안해. 용화야! 아무래도 내가 너무 피를 두려워해서 의사로 각성하지 못하는 것 같아. 정말 미안해."

소희는 어깨가 피로 물든 용화를 흔들리는 눈으로 내려다보며 울먹였어. 그런 소희를 민우가 다독였지.

"죄책감 갖지 마. 소희야! 그리고 피에 그렇게 겁먹지 마. 피는 그저 우리가 살아갈 수 있게 도와주는 액체일 뿐이잖아. 그러니까 너무 공포에 사로잡히지 마!"

그러자 소희는 민우에게 자신이 겪었던 과거의 사건에 대해 천천히 이야기했어. 소희의 사정을 다 들은 민우는 그제야 어째서 소희가 그동안 그토록 피를 무서워했는지 이해할 수 있었지. 하지만 그렇다고 해서 계속 피에 대한 공포에 소희가 사로잡혀 있게 놔둘 순 없었어. 그래서 어떻게든 소희를 격려하여 의사로 각성시키려 하였지.

"소희야! 네가 어째서 피를 그토록 무서워했는지 이제는 알겠어. 하지만 그래도 넌 그 두려움을 이겨 내고 의사로 각성해야만 해! 왜냐하면 너만이 지금 용화를 구할 수 있기 때문이야. 제발 힘을 내! 넌 할 수 있어!"

하지만 민우의 거듭된 격려에도 불구하고 끝내 소희는 의사로 각성하지 못했어. 그러자 민우가 더는 기다리지 못하고 소희 대신 자신이 의사로 각성하려고 하였지. 하지만 안타깝게도 민우는 뜻대로 각성할 수 없었어. 답답한 마음에 민우는 가슴에 단 전자명찰을 팍팍 치면서 의사란 글자가 떠오르기를 간절히 소망했지. 하지만 그렇게까지 해도 결국 민우는 의사로 각성할 수 없었어.

'이럴 수가! 난 아무것도 될 수 없는 건가? 내겐 그 어떤 소질이나 적성도 없는 걸까? 난 왜 다른 애들처럼 각성해

서 남들을 돕지 못하는 거지?'

그토록 간절히 원했는데도 또 각성하지 못하자 민우는 자기 자신한테 크게 실망했어. 태어날 때부터 몸이 허약했던 데다 공부도 잘하지 못했던 민우는 그동안 딱히 무언가가 되고 싶단 꿈이 없었지. 이런 자신이 너무나도 작게 느껴져 민우는 그동안 오히려 더 대범한 척 능글맞게 행동했던 거였어. 하지만 아무리 그렇게 괜찮은 척해도 자신은 결국 딱딱한 껍질 안에 갇힌 연약한 달팽이와 다를 바 없다는 걸 스스로 잘 알고 있었지.

"흑흑"

그때 민우의 귀에 흐느끼는 소희의 울음소리가 들려왔어. 아무리 노력해도 피에 대한 두려움을 떨쳐 낼 수 없자 소희는 참지 못하고 그만 울어버린 거였지. 소희의 흐느낌에 다시 정신을 차린 민우는 잠시 고민하다 의료 기구들이 빽빽하게 놓인 탁자로 다가갔어. 거기서 빨간 소독약을 들어 올리더니 갑자기 벽에 확 흩뿌렸지.

"흐흑! 어? 민우야! 너 대체 왜 그러는 거야?"

흐느끼며 울던 소희가 갑작스럽게 이해할 수 없는 행동을 하는 민우를 보고 깜짝 놀라 이렇게 물었어. 하지만 민우는 아무런 대답도 하지 않고 수술실 벽에 빨간 소독약만 계속 흩뿌려댔지. 그렇게 벽면이 온통 소독약으로 새빨갛게 물들게 되었어.

충분히 흩뿌렸다고 판단한 민우는 소독약을 내려놓고는 천천히 벽으로 다가갔어. 그러고는 손을 뻗어 벽에 흩뿌려진 붉은 소독약을 쓱쓱 문지르기 시작했지. 그러자 서서히 붉은 단풍잎이 모습을 드러내기 시작했어. 물론 그림을 못 그리는 민우답게 단풍잎은 삐뚤빼뚤했지만, 그래서인지 묘하게 친숙하면서도 아련한 느낌을 주었지.

"민우야! 왜 갑자기 붉은 소독약으로 단풍잎을 그린 거야? 응? 왜 뜬금없이 붉은 단풍잎을 그리는 거냐고?"

소희가 고개를 갸웃하며 물었어. 그러자 늦가을에 어울리는 붉은 단풍잎을 쓱싹쓱싹 다 그린 민우가 소희를 돌아보며 활짝 웃었지.

"소희야! 어때? 붉은 단풍잎이 참 멋들어지지 않니? 아닌가? 삐뚤빼뚤해서 보기 싫은가? 어찌 되었든 넌 이 단풍잎을 봐도 두렵지 않지? 그치?"

"당연하지. 붉은 단풍잎은 피가 아니라 빨간 소독약으로 그려진 거잖아. 그런데 내가 왜 그걸 보고 두려워해야 하지?"

"맞아. 네 말대로 피와 소독약은 분명히 달라. 색도 엄연히 다르지. 그러니깐 넌 두렵지 않았을 거야. 그런데 말이야. 얼핏 보면 둘 다 비슷한 색으로 보이지 않아? 그러니까 네가 피를 붉은 물감이라고 생각한다면 넌 그 공포에서 벗어날 수 있을 거야. 난 진심으로 그렇게 생각해."

소희는 벽에 칠해진 삐뚤빼뚤하면서도 어딘가 아련해 보이는 붉은 단풍잎을 바라보다 천천히 용화의 어깨를 물들인 피를 내려다보았어. 붉은 단풍잎을 볼 때는 아무렇지 않았지만, 피에 물든 어깨를 볼 때는 또다시 마음이 흔들렸지. 하지만 민우 말대로 얼핏 보면 둘 다 똑같아 보였어.

소희는 잠시 심호흡하면서 속으로 중얼거렸지.

'맞아. 난 그동안 미술 시간에 붉은 물감을 써서 아무렇지 않게 해와 노을을 그려 왔었잖아. 그러니까 피를 피라고 여기지 말자. 그저 붉은 물감이라고 생각하자. 해와 노을을 그릴 수 있는 붉은 물감이라고 여기는 거야. 저건 피가 아니다. 붉은 물감이다. 아름다운 단풍잎을 그릴 수 있는 붉은 물감이다. 저건 피가 아닌 물감이다. 물감이다.'

소희는 붉은 단풍잎과 용화의 어깨에 물든 피를 번갈아 보면서 이렇게 속으로 계속 혼잣말했어. 그 노력이 빛을 발했는지 이젠 피를 봐도 아까 전만큼 마음이 떨리지 않았지. 바로 그때 소희의 가슴에 단 전자명찰에서 '의사'란 글자가 또렷이 떠올랐어.

"됐다! 소희가 드디어 의사로 각성했다!"

그걸 본 민우가 주먹을 불끈 움켜쥐며 환호했지. 의사로 각성한 소희는 먼저 죽은 듯 눈을 감고 있는 용화의 눈꺼풀을 들어 올리고는 눈동자를 살폈어. 그러고는 선반 위에

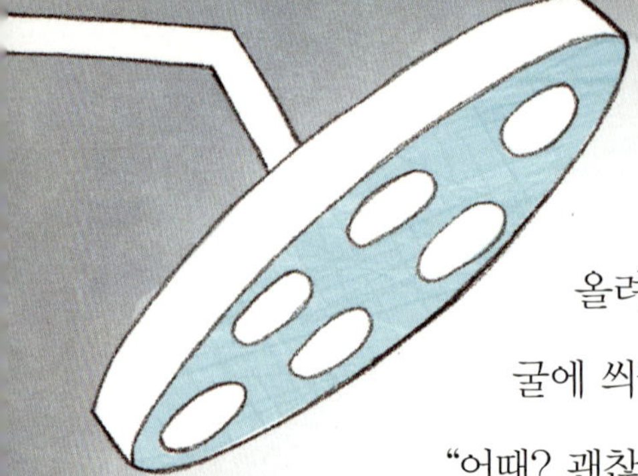

올려진 산소 호흡기를 꺼내 용화의 얼굴에 씌웠지.

"어때? 괜찮은 거 같아? 지금 용화는 정확히 어떤 상태야?"

"연기를 너무 많이 들이마신 상태야. 그래서 고압 산소 치료를 하면서 치료제를 함께 사용할 거야."

"고압 산소 치료? 난 어려운 말은 잘 모르겠고, 그래서 용화는 괜찮은 거야?"

"응, 치료하면 다행히 괜찮아질 거 같아. 그런데 조금만 더 늦게 각성했더라면 큰일 날 뻔했어. 정말 위험한 상태였거든."

소희는 능숙하게 용화의 팔에 주사를 놓으면서 안도의 한숨을 내쉬었어. 잔뜩 긴장하고 있던 민우도 그제야 가슴을 쓸어내리면서 안도할 수 있었지. 검게 변했던 용화의 피부색도 다행히 원래대로 돌아왔어. 그때 수술실 문이 벌컥 열리면서 의사를 찾으러 밖에 나갔던 준수가 땀을 줄줄 흘리면서 돌아왔지.

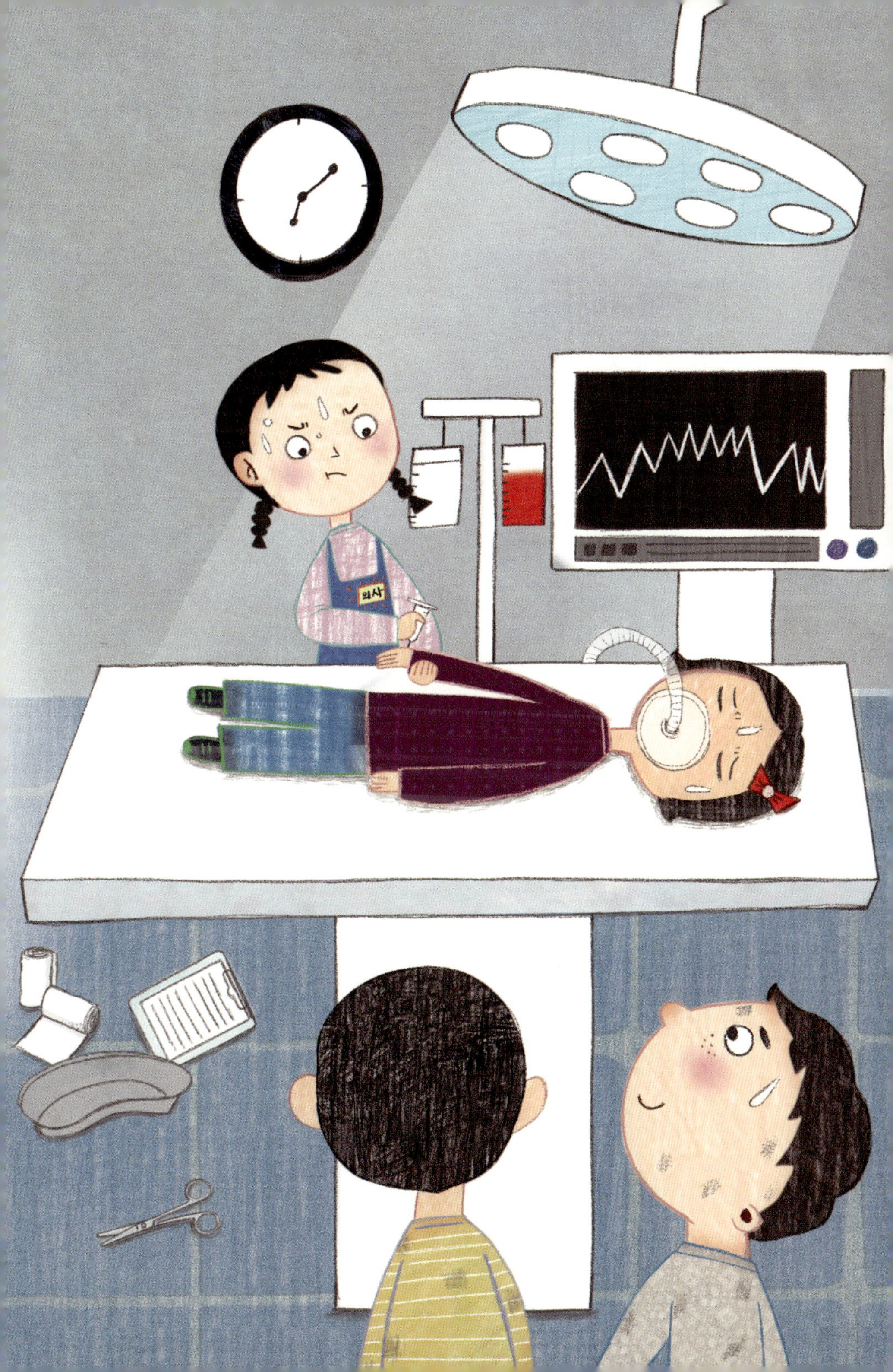
의사

"애들아! 용화는 괜찮아? 의사를 찾기 위해 이리저리 뛰어다녔지만 다들 어디로 가버렸는지 도저히 찾을 수가 없었어. 근데 지금은 그게 문제가 아니야. 내가 밖에서 무엇을 봤는지 알아! 어라? 그런데 소희, 너 혹시 의사로 각성한 거야?"

허겁지겁 수술실 안으로 들어와 횡설수설하던 준수가 의사로 각성하여 용화를 치료하는 소희를 보고 놀라서 멈추어 섰어. 그러다 얼굴 가득히 활짝 미소를 지으면서 만세를 불렀지.

6. 사자로부터 탈출하다

"크아아아아앙!"

그때였어. 응급센터 밖에서 뜬금없이 기다란 사자 울음소리가 들려왔지. 실제로 듣는 사자의 포효는 정말 소름끼치게 무서웠어. 이에 깜짝 놀란 준수는 서둘러 입을 열었어.

"아! 맞다! 밖에 거대한 사자가 나타났어. 그래서 빨리 여기서 벗어나야만 해."

"사, 사자? 무섭긴 하지만 혹시 여기로 들어오지 않을 수도 있지 않을까?"

잔뜩 겁이 났지만 그래도 한 가닥 기대를 품고 소희가 준수와 민우를 돌아보았어. 그 순간 거대한 유리가 폭발하듯 깨지는 소리가 들려왔지. 가까이에서 들린 그 소리로 일행은 사자가 응급센터의 유리문을 깨고 안으로 들어왔다는 걸 알아차렸어.

"으악! 빨리 응급센터에서 탈출하자! 난 절대 사자 밥이 되고 싶지 않다고!"

"나도 마찬가지야! 사자 앞발에 한 대 맞으면 마치 야구공처럼 날아가고 말 거야."

준수와 민우가 누워 있던 용화를 들쳐 업으면서 호들갑을 떨었어. 그 순간 용화의 눈꺼풀이 파르르 떨리다 스르륵 위로 올라갔지.

"끄응! 이게 대체 어떻게 된 일이지? 여긴 어디야? 왜 내가 여기 있는 거지?"

때마침 용화가 시끌벅적한 소란에 깨어난 거였어. 용화는 지끈거리는 머리를 매만지며 의아해했지.

"다행이다! 용화가 무사히 깨어났어! 그러니까 지금 어떻게 된 거냐면 말이지."

"크아아아아아앙!"

소희가 반색하며 정신을 차린 용화의 손을 잡고 대화를 나누려 할 때 응급센터의 복도에서 사자의 포효가 우렁차게 사방으로 울려 퍼졌어.

"됐고! 지금은 일단 뛰어! 앞만 보고 무조건 뛰는 거야!"

민우가 재빨리 용화의 손을 낚아채곤 응급센터 밖으로 내달렸어. 귀가 얼얼할 정도의 커다란 사자의 포효에 기겁을 한 용화도 민우의 손을 꽉 잡은 채 정신없이 뛰었지. 소희와 준수도 허겁지겁 그 둘을 따라 응급센터 밖으로 뛰쳐나갔어. 바닥에 쓰러진 입간판을 날카로운 이빨로 잘게 부수고 있던 사자는 뛰쳐나가는 일행을 발견하자마자 득달같이 뒤쫓아 왔지.

"크아앙! 크아아아아앙!"

"으아아아악!"

연달아 울리는 사자의 포효는 마치 귀신의 울음소리처

럼 너무나도 소름 끼쳐서 일행은 도저히 견딜 수가 없었어. 그래서 있는 힘껏 비명을 내지르면서 걸음아 나 살려라 뛰고 또 뛰었지.

"헉! 허억! 애들아! 미안하지만 난 도저히 더는 못 뛰겠어."

응급센터의 뒷문으로 나오자마자 용화가 하얗게 질린 얼굴로 털썩 주저앉은 채 거칠게 숨을 내쉬었어. 화재 연기를 들이마셨을 뿐만 아니라 심폐소생술까지 받은 상태라 여기까지 뛴 것만 해도 충분히 대단한 일이었지.

"날 구해 줘서 고마워. 그러니까 이번엔 내가 너희들을 위해 나서 볼게. 내가 어떻게든 사자를 막아 볼 테니 너희들은 그 틈을 타서 도망쳐!"

"흥! 뭔 뚱딴지같은 소리냐! 이럴 거라면 우리가 그토록 힘들게 널 구했을 리 없잖아! 우린 살아도 같이 살고 죽어도 같이 죽는 거야! 빨리 다시 일어서!"

자신을 희생하여 친구들을 구하려는 용화의 제안을 민우가 단번에 거절하면서 용화를 일으켜 세웠어. 그러고는 부축해 바로 옆 건물인 잡화점으로 들어갔지. 마음 같아서는 더 멀리 도망가고 싶었지만, 용화의 상태를 보니 그건 도저히 안 될 거 같아서 일단 가장 가까운 장소로 피신한 거였어.

철컥!

온갖 잡다한 물건들을 파는 잡화점 안에 들어서자마자 소희와 준수는 바로 문을 굳게 닫고는 자물쇠를 걸었어. 하지만 잡화점의 문이 나무 문이라 그래도 안심이 되지 않았지. 그래서 잡화점 내의 의자와 책상 그리고 온갖 가구들을 잔뜩 문 앞에 끌어와 쌓았어.

"쳇, 잡화점의 문이 철문이었으면 정말 좋았을 텐데 너무 안타깝다. 그런데 소희야! 혹시 너 다시 사육사로 각성할 수 없는 거니?"

툴툴거리던 민우가 희망을 품고 소희를 돌아보았어. 소희는 민우의 말에 사자를 다룰 수 있는 직업인 사육사를 다시 각성하고자 정신을 집중하였지. 그때 날카로운 경고음과 함께 소희의 전자명찰에 붉은 빛이 껌벅였어.

삐삑! 한 번 각성한 직업은 다시 각성할 수 없습니다. 이건 최대한 다양하게 적성과 자질에 맞는 직업을 각성시켜 드리고자 하는 저희 체험 프로그램의 목적에 어긋나기 때문입니다. 삐이~!

전달할 내용을 마친 전자명찰은 다시 원래의 상태로 돌아왔어. 그러자 실망한 준수가 애꿎게 바닥을 발로 찼지.

"아니, 지금은 사자한테 위협을 당하는 위기 상황이잖아. 이럴 때 사육사로 각성할 수 없으면 어떡하란 소리야! 그럼 차라리 내가 검술가나 무예가로 각성하게 해 줘!"

더 이상 각성할 수 없었던 준수가 전자명찰을 붙잡고 애타게 소리쳤지만 안타깝게도 전자명찰은 아무런 반응도 하지 않았어. 그때 문밖에서 사자가 커다랗게 울부짖는 소리가 들려왔지. 바로 가까이에서 듣는 사자의 포효는 정말이지 심장이 쿵 떨어질 만큼 위협적이었어.

"민, 민우야! 그리고 소희야! 너희들 어떡해서든 사자를 막을 수 있을 만한 직업을 각성해 봐! 아니, 일단 아무거나 좋으니까 하나 각성해 보라고!"

잡화점의 문을 발톱으로 세차게 찍는 사자의 흉포한 태도에 새파랗게 질린 준수가 민우와 소희에게 매달렸어. 하지만 민우와 소희도 그동안 놀고만 있었던 게 아니었지. 이 긴박한 위기에서 벗어나기 위해 잡화점에 들어서는 순간부터 어떻게든 직업을 각성하고자 했었어. 하지만 안타깝게도 잘 되지 않았지.

'제발 어떤 직업이든 하나만 각성해 보자! 어떻게든 나도 직업을 하나 정도는 각성해 봐야 하지 않겠어. 다른 애들은 손쉽게 척척 각성하는데 어째서 난 하나도 각성할 수가 없는 거냐고? 나도 하나쯤은 잘하는 게 있을 거 아냐! 아닌가? 난 아무런 자질도 재능도 타고나질 못해서 안 되는 걸까? 그래서 어떤 직업도 각성할 수가 없는 건가? 이토록이나 간절하게 바라는 데도 어떻게 각성이 한 번도 안 일

어날 수 있지? 정말 난 쓸모없는 사람인 걸까?'

민우는 위기를 벗어나기 위해 온 정신을 집중해 간절하게 빌고 또 빌었지만 결국 각성해 내지 못했어. 이에 더는 참지 못하고 민우가 눈물을 뚝뚝 흘렸지. 그걸 본 준수와 소희는 깜짝 놀라고 말았어. 어떤 상황에서도 항상 웃으면서 대범하게 행동하던 민우가 눈물 흘리는 걸 처음으로 본 까닭이었지.

"괜찮아? 민우야! 왜 우는 거야? 넌 이렇게 우는 애가 아니잖아! 넌 어떤 때라도 항상 당당하게 행동하는 능글맞은 민우잖아!"

"아니야! 난 네가 생각하는 것만큼 당당하지 않아! 난 강하지 않다고! 대체 왜 나만 각성하지 못하는 거지? 나 자신이 너무 실망스러워! 너희들은 지금껏 여러 차례 직업을 각성했잖아. 하지만 난 왜 이토록 간절히 원하는데도 아무것도 각성하지 못하는 거지? 나에겐 진짜 아무런 자질이나 소질이 없는 걸까?"

"민우야! 너무 걱정하지 마! 너에게도 분명 맞는 직업이 있을 거야. 너도 여러 가능성을 품고 있다고!"

"맞아! 하지만 안타깝게도 그런 직업들이 이런 위기 상황에서는 별 도움을 주지 못하는 그런 종류의 직업들이기에 지금까지 각성 못 했던 걸 거야."

우지끈!

준수와 소희가 민우를 위로하던 그 순간 잡화점의 문이 크게 들썩이더니 금이 쫙 가고 말았어. 온 힘을 실은 사자의 앞발 공격에 문이 뒤흔들린 거였지.

"됐다! 나 뭔가 각성해 냈어!"

그와 동시에 환하게 빛나는 전자명찰을 불끈 쥐고 소희가 힘껏 외쳤어. 모두의 시선이 자연스럽게 소희의 전자명찰로 향했지.

"화가? 에휴~ 그걸로는 이 위기를 벗어날 수 없잖아."

소희의 전자명찰에서 떠오른 '화가'란 직업명을 보고 준수는 자신도 모르게 한숨을 내쉬었어. 그림을 그리는 화가란 직업으로는 이 위기를 극복할 수 없었지. 그러는 동안

에도 잡화점 문에 금이 쫙쫙 더 생겼어. 누가 보아도 곧 있으면 완전히 박살이 날 것만 같이 보였지.

"용화야! 우리 둘이서 힘껏 막아 보자!"

준수는 아직도 의욕을 잃은 채 바닥에 주저앉아 있는 민우를 힐끔 보았다가 고개를 돌려 용화에게 이렇게 소리쳤지. 그러고는 바로 달려들어 문을 가로막은 탁자와 의자를 온몸으로 밀면서 최대한 버티려 하였어. 용화도 기운이 없는 상태이긴 했지만 이대로 있을 수만은 없다는 생각이 들어 얼른 민우를 도왔지.

'이제 다 끝났는데 왜 저 애들은 저렇게까지 하는 걸까?'

민우처럼 기운을 잃고 멍하니 자신의 전자명찰을 내려다보던 소희는 고개를 들고 끝까지 저항하는 준수와 용화를 보았어. 그러다 문득 둘의 등에 엄마의 등이 비쳐 보였지. 그 순간 왜인지는 모르겠지만 엄마가 늘 입버릇처럼 하시던 말씀이 소희의 머릿속에 울려 퍼졌어.

"하늘은 해결할 수 있을 정도의 문제만 주는 법이야. 그리고 해결 방법은 늘 가까운 곳에 있단다. 네가 아직 문제를 해결하지 못한 건 그저 네가 해결책을 찾지 못했을 뿐이란다."

잠시 두 눈을 비비다가 다시 준수와 용화의 등을 쳐다보던 소희가 불끈 두 주먹을 쥐었어.

'그래, 포기하지 말자. 포기를 포기하는 거야. 화가란 직업으로도 분명 위기를 극복할 방법이 있을 거야. 자! 그럼 어떻게 하면 좋을까? 맞다. 꼭 그림을 그리는 것만이 화가가 할 수 있는 일이 아니잖아. 미술 심리 치료 같은 직업도 있잖아. 하지만 미술 심리 치료로는 배고픈 사자의 공격을 막아 낼 수 없겠지. 그렇다면 또 다른 방법을 생각해 내야만 해.'

횃불처럼 활활 불타오르는 눈빛으로 소희는 머리를 열심히 굴리면서 주위를 연신 훑었어. 그러던 중 물감통과 커다란 붓이 문득 두 눈에 들어왔지. 그 찰나 소희의 머리에 이거다 싶은 아이디어가 번개처럼 번뜩였어. 소희는 바로 뛰어가 물감통을 들고는 바닥에 검은 물감을 넓게 흩뿌렸지.

"큭! 뭐 하는 거야? 소희야! 너도 우릴 좀 도와! 지금 문이 부서지기 직전이잖아!"

힐끔 뒤돌아본 준수가 소희를 보고 혀를 끌끌 차며 도움을 요청했어. 하지만 소희는 준수의 요청에 아랑곳하지 않고 바닥에 그림을 그리는 데에만 온 정신을 집중했지. 다시 뭐라 말하려던 준수는 입을 굳게 다물고는 온몸으로 쌓아 놓은 물건들을 힘껏 밀었어. 문이 부서질 듯 뒤흔들렸기 때문에 다른 데에 정신을 팔 여유가 없었던 거였지.

콰쾅!

사자가 온 힘을 다해 거세게 휘두른 앞발에 더는 문이 버티지 못하고 터져 나가고 말았어. 동시에 문 앞에 쌓여 있던 물건들도 사방으로 폭죽처럼 튕겨 나갔지.

"커헉! 아악!"

"으아악! 나, 날아간다!"

준수와 용화도 물건들과 함께 뒤로 휙 날아갔어. 마치

힘껏 거인의 발에 차인 축구공처럼 둘은 바닥을 데구루루 구르다가 벽에 부딪치면서 멈춰 섰지. 곧 문을 부순 사자가 달려들 것만 같은 예감에 쿵덕거리는 가슴을 매만지며 둘은 슬며시 눈을 떴어. 하지만 다행히도 눈앞에 보이는 건 달려드는 사자가 아닌 단소를 든 민우의 듬직한 등이었지.

"아깐 내가 정신을 못 차려서 미처 너희들을 돕지 못했었지. 미안하다."

민우가 고개를 살짝 돌려 곁눈질하면서 준수와 용화에게 사과했어. 민우답지 않은 진중한 사과에 둘은 당황했지. 하지만 지금 그것보다 더 중요한 게 있었어.

"아니, 그것보다 지금 왜 사자가 달려들지 않는 거지? 고작 민우가 들고 있는 단소 때문에 멈춰선 건 아닐 거 아냐?"

이해할 수 없는 현상에 고개를 갸웃하던 준수의 눈에 어느 사이엔가 생긴 검은 구멍이 보였어. 바닥에 생긴 커다란 구멍은 너무나도 깊어서 그 끝이 짐작도 되지 않았지.

이제 보니 사자도 갑자기 생긴 저 커다란 구멍 때문에 쉽사리 일행에게 달려들지 못하는 거였어.

"어? 언제 저렇게 커다란 구멍이 바닥에 생긴 거지?"

"이상하다. 우리가 사자를 막을 때만 해도 분명 저런 구멍은 없었는데……."

이해할 수 없는 표정으로 준수와 용화가 서로를 쳐다보았어.

"푸, 저거 내가 그린 착시 그림이야. 정교하게 그려서 마치 끝이 보이지 않을 정도의 깊은 구멍이라고 착각하게 만든 거야."

둘의 대화를 듣던 소희가 살짝 미소를 지으며 구멍의 비밀을 알려 주었어. 준수와 용화는 그 말을 듣고 다시 커다란 구멍을 바라보았지. 하지만 아무리 두 눈을 크게 뜨고 자세히 보아도 여전히 진짜 구멍처럼 보일 따름이었어. 둘은 저렇게 감쪽같은 착시 그림을 그려 낸 소희의 실력에 감탄하였지.

"크르릉!"

하지만 안타깝게도 사자는 커다란 구멍에 떨어질지도 모를 위험을 무릅쓰고 뒷다리를 굽히면서 뛰어오르려고 했어. 아마도 배가 매우 고팠던 거 같았지.

식은땀을 흘리면서 민우는 마치 칼을 잡듯 단단하게 단소를 잡고 사자를 상대할 준비를 했어. 그 뒤에서 준수와 용화를 핼쑥해진 얼굴로 서로를 꼭 껴안은 채 사시나무 떨듯 부르르 떨어댔지.

"휘우우우우우우웅!"

그때 커다란 구멍에서 끝 모를 정도로 깊이 뚫려 있는 듯한 무서운 바람 소리가 새어 나왔어. 그 섬뜩한 바람 소리에 착시 그림이라고 마음을 놓고 있었던 준수와 용화 그리고 민우는 마치 귀신의 비명 소리라도 들은 듯 흠칫 몸을 떨었지.

마찬가지로 위험을 감수하고 커다란 구멍을 뛰어넘으려던 사자도 깊고 음산한 바람 소리에 겁을 집어먹고 꼬리를 내리면서 뒷걸음질 쳤어. 잠시 거대한 구멍을 사납게 노려보던 사자는 이윽고 뛰어넘기를 포기했는지 몸을 돌려 서서히 사라져 갔지.

"야! 소희야! 저거 착시 그림이라며! 근데 아니잖아! 저게 그림이라면 어떻게 그렇게 깊고 깊은 동굴에서나 나올 법한 소리가 나올 수 있겠냐?"

민우가 속았단 생각에 소희에게 이렇게 따지다가 갑자기 입을 꾹 다물었어. 소희가 이제는 바람이 다 빠진 커다란 풍선 인형에 나팔꽃 모형을 꽂고 있는 걸 보았기 때문이었지. 아까 전 들었던 그 바람 소리는 풍선 인형의 바람이 저 길쭉한 나팔꽃 모형의 관을 통해 빠져나가면서 나온 소리라는 걸 알아차린 거였어. 민우를 바라보며 배시시 웃는 소희의 가슴에 난 전자명칠에서 '음악기'란 직업명이 선명하게 반짝였어.

"너희들 혹시 폴리아티스트라고 들어봤니? 영화나 드라마에서 나오는 효과음을 만들어 내는 직업인데, 실제 소리보다 훨씬 더 실감 나는 소리를 만들어 낼 수 있어."

소희는 잡화점 내의 선반 위에 놓여 있던 테이프 두 개를 꺼내 들더니 리듬감 있게 바닥에 두들겨 댔어. 그랬더니 놀랍게도 거기에서 마치 말이 '다그닥 다그닥' 달리는 소리가 나오는 게 아니겠어. 이에 일행은 입을 헤 벌린 채 놀라워했지.

“난 그동안 음악과 관련된 직업으로는 작곡가나 악기 연주자만 있는 줄 알았어. 하지만 그게 아니었구나! 정말 신기하다!”

준수가 신기하다는 표정으로 소희가 들고 있던 테이프를 뚫어져라 쳐다보았어.

“응, 마찬가지로 미술과 관련된 직업도 생각보다 훨씬 많아. 사람들은 얼핏 화가만 떠올리는데 그게 아니라 미술치료사나 미술관 큐레이터를 비롯한 다양한 미술 관련 직업들이 있지.”

삐삑! 직업 체험 프로그램 시간이 다 되었습니다.

이제 체험 프로그램을 종료합니다!

그때 어디선가 이런 소리가 들려왔지. 동시에 예전에 겪었던 것처럼 벽이 물결처럼 일렁거리고 바닥이 물거품처럼 펑펑 터져 나갔어.

"으아아아악!"

삼총사는 갑자기 변한 환경에 정신을 못 차리고 비명을 내질렀지. 그러는 동안 어디선가 나타난 무지개가 삼총사를 두둥실 감싸기 시작했어. 그런데 이상하게도 용화만큼은 무지개에 휩싸이지 않았지. 용화는 장난꾸러기 삼총사를 향해 빙긋 웃으며 손을 흔들다 마치 아침이 되어 사라지는 안개처럼 희미해져 갔지.

7. 꿈

"용화야!"

사라져 가는 용화를 향해 손을 내뻗으면서 애타게 소리치던 소희가 움직임을 뚝 멈추었어. 왜냐하면 더는 용화는 보이지 않았고 놀랍게도 그토록 찾아 헤맸던 담임선생님과 피에로 안내원만 바로 눈앞에 있었기 때문이었지.

"이게 대체 어떻게 된 거죠? 용화는 대체 어디로 사라진 건가요? 아니, 그러고 보니 여긴 '와당탕' 꿈누리랜드의 직업 교육 센터잖아요. 어떻게 제가 여기에 있는 거죠? 전 분명히 잡화점 안에 있었는데 말이에요."

소희가 꿈 기계의 의자에 앉아 있는 지금의 현실을 받아들이지 못하고 혼란스러워했어. 머리에 쓴 전선이 달린 헬멧을 벗으면서 소희는 고개를 가로저었지.

"헉! 혹시 우리 도깨비한테 홀렸던 게 아닐까? 그러니까 우리가 겪었던 모든 일들이 꿈이었던 거 아니냐고?"

"아니, 그럴 리가 없잖아! 이렇게 생생한 꿈이 세상에 있을 리 없다고!"

민우와 준수도 갑자기 잡화점이 사라지고 꿈 기계에 덩그러니 앉아 있는 현실에 무척이나 당혹스러워했어. 그런 일행에게 피에로 안내원이 웃으며 다가왔지.

"모두들 당황스러워하지 마세요. 사실 지금까지 여러분은 꿈 기계를 통해 환상 체험을 했던 거랍니다. 정확히 말하자면 뇌를 자극해서 현실과 분간이 안 될 정도의 시뮬레이션 세계를 체험했던 거지요. 그리고 지진이라는 위험 상황을 제시하여 여러분이 직업을 쉽게 각성할 수 있게 한 거랍니다. 사람들은 위험 상황에서 더 큰 자극을 받고 이를 극복하기 위해 잠재력을 최대한 발휘하니까 말이에요."

그래도 삼총사가 이렇게 생생한 환각이 있을 수 없단 표정으로 받아들이지 못하자 담임선생님께서 천천히 일행에게 다가오셨어.

"너희들 혹시 초전도체라고 들어보았니? 초전도체란 전기 저항이 아예 없는 물질인데, 쉽게 말하자면 지금까지 불가능하다고 여겨 왔던 많은 걸 현실로 이뤄 줄 수 있는 꿈의 물질이란다. 그리고 그 초전도체가 최초로 사용된 게 바로 이 꿈 기계지. 그래서 너희가 이렇게나 현실로 착각할 정도의 시뮬레이션 체험을 할 수 있었던 거야."

"아니, 그런 대단한 초전도체가 왜 이 꿈 기계에 가장 먼저 사용된 건가요? 그런 대단한 물질이라면 다른 중요한 데에 먼저 사용되어야 하는 거 아닌가요?"

도무지 이해가 가질 않는다는 표정으로 민우가 되물었어. 담임선생님께서는 미소를 지으시며 대답하셨지.

"그건 세계 최초로 초전도체를 만든 박사님께서 우리가 있는 여기 '와당탕' 꿈누리랜드를 설립했기 때문이야. 그분은 모두가 이룰 수 없는 꿈을 꾼다고 손가락질을 했음에도 끝까지 꺾이지 않고 연구를 계속 하셨단다. 그렇게 끝없이 노력한 끝에 보란 듯이 평생의 꿈이었던 초전도체를 개발하는 데 성공하셨지. 그 뒤 그분께서는 자신처럼 다른 이들이 평생 쫓아갈 만한 꿈을 찾길 바라는 마음에 이 꿈 기계에 초전도체를 가장 먼저 사용하셨던 거야."

"정말 대단하신 분이시네요. 꼭 한번 뵙고 싶어요."

"맞아요. 저도 어릴 적에 초전도체에 대한 이야기를 책으로 잠깐 접한 적이 있었어요. 그 책에서 초전도체는 양자컴퓨터와 더불어 이루기가 불가능에 가까운 꿈이라고 적혀 있었지요. 이렇게 불가능을 가능으로 만든 분이라면 저도 꼭 한번 뵙고 싶네요. 정말 찬란하게 빛나는 분이실 거 같아요."

준수와 소희가 초전도체가 최초로 사용된 꿈 기계의 구석구석을 매만지며 연신 감탄했어. 하지만 민우는 반응이 조금 달랐지.

"흐음, 혹시 피에로 안내원 아저씨가 최초로 초전도체를 만드신 박사님 아니신가요? 왠지 뺨이 붉어지신 게 부끄러워하시는 거 같은데 말이죠."

민우가 눈을 게슴츠레 뜨면서 시선을 피하는 피에로 안내원을 끈질기게 쳐다보았어. 그러자 어쩔 수 없다는 듯 피에로 안내원은 고개를 흔들면서 앞으로 나섰지.

"대단히 예리한 관찰력이네요. 맞아요. 내가 바로 모두가 불가능하다고 여긴 꿈의 물질인 초전도체를 만든 박사이자 이 '와당탕' 꿈누리랜드의 주인이랍니다. 그런데 민우 학생을 보니 마치 내 예전의 모습을 보는 거 같네요. 나의 어릴 적 과거와 똑 닮아 있다고나 할까요."

"에엑? 민우가요? 그럴 리 없어요. 민우는 엉뚱하기만 하잖아요."

"맞아요. 그리고 민우는 결국 꿈 기계를 통해서도 직업을 각성하지 못했잖아요. 그런데 어떻게 이렇게 대단한 업적을 세우신 박사님의 어린 시절과 닮을 수 있나요?"

입을 쩍 벌린 채 말도 안 된다며 경악하는 소희를 따라 항의하던 준수는 문득 직업을 각성하지 못해 울적해하던 민우의 모습을 떠올리고는 입을 꾹 다물었어. 하지만 이미 때는 늦어 민우는 고개를 푹 숙인 채 우울해했지.

"음, 제가 한 말을 바꿀게요. 다시 생각해 보니까 그게 아니었어요. 분명 민우도 자신만의 특기가 있을 거예요. 다만 꿈 기계를 통해서 찾지 못했을 뿐이라고 생각해요. 전 민우도 나중에는 박사님처럼 훌륭한 사람이 틀림없이 되리라고 생각해요."

황급히 준수가 뱉었던 말을 주워 삼키려고 했어. 하지만 그러기엔 이미 너무 늦었지.

"아니야. 준수야, 그렇게 억지로 위로할 필요 없어. 그냥 네가 처음 한 말이 다 맞아. 난 꿈 기계를 통해서도 적합한 직업을 찾지 못했지. 정말로 난 아무것도 잘하는 게 없는 거 같아. 어떤 재능과 소질도 타고나질 못했나 봐."

마치 비가 올 것만 같은 우울한 목소리로 말하던 민우가 고개를 돌려 피에로 안내원을 바라보았어.

"아마 박사님도 이런 절 위로하기 위해 제가 박사님의 과거와 닮았다고 한 거겠죠? 제 말이 맞지 않나요?"

민우는 서글픈 눈으로 피에로 안내원을 바라보았어. 하지만 피에로 안내원은 단호하게 고개를 가로저었지.

"아니, 난 널 위로하기 위해 거짓말을 한 게 아니란다. 넌 정말 나와 닮았어. 난 꿈 기계와 연결된 이 모니터를 통해 너희들의 환상 체험을 전부 다 지켜보았단다."

피에로 안내원은 꿈 기계와 연결된 모니터를 잠시 톡톡 두드렸어. 그러다 다시 입을 여셨지.

"민우야, 넌 정말 나와 닮았단다. 이건 분명한 진실이야. 다들 생각해 보렴. 각자의 문제에 가로막혀 앞으로 나아가지 못할 때 결국 누구 덕에 문제를 해결할 수 있었니?"

피에로 안내원의 질문에 잠시 생각에 빠져 있던 준수가 손을 번쩍 들었어.

"위기에 처할 때마다 가장 먼저 나선 건 언제나 민우였어요. 민우는 문이 고장 나 도운이가 나오지 못하자 가장 먼저 온몸을 던져서 문을 부수려고 했죠. 또 멈춰선 청룡

열차에서 성우가 도움을 요청했을 때에도 누구보다 먼저 위로 올라갔었죠. 당시에 어쩔 줄 몰라 하던 저는 민우의 그런 모습에 자극받아 열쇠수리공과 기계체조 선수로 각성할 수 있었어요."

준수의 말이 끝나기가 무섭게 소희도 두 눈을 초롱초롱 빛내면서 말했어.

"맞아요. 그리고 용화의 심장이 멈췄을 때 심폐소생술을 해서 구하기도 했었죠. 그런데 생각해 보면 민우는 무턱대고 몸으로 부딪치지만은 않았어요. 그렇게 부딪쳐도 해결이 안 될 때는 어떻게든 지혜를 짜내어 위기를 극복하려고 했었죠. 이를테면 용화를 범퍼카로 옮기자는 기똥찬 아이디어를 낸 건 바로 민우였어요."

흥분한 목소리로 민우를 칭찬하던 소희가 잠시 숨을 고르다가 다시 말을 이어 나갔어.

"무엇보다 피를 두려워하던 제가 그 두려움을 떨쳐버릴 수 있게 해 준 게 민우였지요. 저는 더 이상 붉은색이 무섭지 않아요. 저에게 있어 붉은색은 단지 붉게 물든 단풍잎의 색이자 아름다운 노을의 색이에요."

소희는 마치 떨어지는 울긋불긋한 단풍잎을 잡아채는 듯한 시늉을 취하면서 환하게 미소 지었어. 그제야 민우도 자기 자신이 아무것도 아니란 생각을 떨쳐버릴 수 있었지. 그랬어. 민우는 분명 몸이 약하고 공부를 잘하지 못했지. 뿐만 아니라 소희처럼 예술적인 능력도 타고나지 못했어.

그렇지만 어떤 문제가 생겨도 결코 물러서지 않고 앞장서서 해결하려고 하였어. 무엇보다 도저히 풀 수 없는 문제에 부딪쳐도 포기하지 않고 어떻게든 해결하려고 하였지. 그게 바로 민우였어. 그걸 민우 스스로가 깨닫는 순간 민우의 가슴에 단 전자명찰에서 반짝 빛이 났지. 하지만 이내 픽 하는 소리와 함께 전자명찰의 화면이 꺼졌어.

"어라? 꿈 기계의 작동이 멈추었기에 전자명찰이 작동될 리 없을 텐데 참 이상하네요. 이건 아마도 단순한 오류인 거 같군요."

피에로 안내원이 반짝이던 빛이 사라져 가는 민우의 전

자명찰을 신기하단 표정으로 들여다보았어. 하지만 준수와 소희는 어쩌면 혹시라도 전자명찰의 빛이 끝까지 들어왔더라면 민우가 각성한 직업이 떴을 수도 있지 않았을까 하고 아쉬워했지. 그런데 정작 당사자인 민우는 아무래도 괜찮다는 듯 환하게 태양처럼 웃기만 했어.

"이런! 이제 보니 벌써 시간이 이렇게 되었네. 미안하지만 아무래도 직업 교육이 끝나면 자유롭게 놀이기구를 탈 시간을 주겠단 약속을 지키기 어려울 거 같구나. 대신에 직업 교육을 잘 끝마친 기념으로 나중에 꼭 선물을 챙겨주마. 아무튼 난 이제 학교로 돌아가기 위해 다른 애들을 모아야 하니 너희들은 먼저 '와당탕' 꿈누리랜드의 입구에서 기다리고 있으렴."

장난꾸러기 삼총사는 이렇게 담임선생님의 말씀에 따라 '와당탕' 꿈누리랜드의 입구로 향하게 되었지. 놀이기구를 타지 못하게 되었지만 일행 중 그 어느 누구도 아쉬워하지 않았어. 다만 꿈 기계를 통한 체험 시간이 더 길었더라면 좋았을 텐데 하는 아쉬움만 남았지. 그러는 동안 반 친구들이 입구로 하나둘 모이기 시작했어.

"어? 성우다!"

준수가 멀리서 친구들과 히히덕거리면서 다가오는 성우를 보고 벌떡 일어났어. 꿈 기계를 통해 시뮬레이션 세계에서 만났던 때와는 다르게 성우는 당당하고 자신감이 흘러넘쳤지.

"성우야! 나랑 달리기 시합하자!"

준수가 성우의 앞을 가로막으며 도전장을 내밀었어. 평소대로라면 언제나 앞서 나가는 성우를 껄끄러워하며 슬그머니 자리를 피했을 테지만 이번엔 달랐지.

"좋아! 시원하게 한판 붙자! 저기 보이는 청룡열차에 먼저 도착한 사람이 이기는 거다!"

성우는 오래간만의 준수의 도전을 웃으며 흔쾌히 받아들였어. 준수는 입구에서 좀 떨어진 장소에 있는 청룡열차를 복잡한 눈으로 바라보다 천천히 고개를 끄덕였지. 둘은 나란히 섰다가 심판을 맡기로 한 민우의 출발 신호에 맞춰 온 힘을 다해 내달렸어. 준수의 마음을 알고 있던 민우와 소희는 두근거리는 마음으로 간절하게 달리는 준수를 응원했지.

'헉! 허억! 이겨야 해! 꼭 이겨야만 해! 이번엔 반드시 성우를 이길 거야!'

준수는 이를 악물고 온 힘을 다해 뛰고 또 뛰었어. 그래서인지 처음에 벌어졌던 둘의 차이가 점점 줄어들기 시작했지. 달리면서 준수는 환상 체험 때 만났던 성우를 머릿속에 떠올렸어. 그때의 성우에 비해 지금의 성우는 왠지 한참 작아 보였지. 그래서인지 정말로 넘어설 수 있을 거 같다는 느낌이 강하게 들었어.

하지만 성우의 벽은 역시 높았지. 성우는 자신의 뒤를 바짝 따라붙은 준수를 힐끔 보고는 더 힘차게 내달리기 시작했어. 다시 둘의 거리는 점점 더 벌어지기 시작했지. 하지만 그래도 준수는 포기하지 않고 더욱더 힘을 냈어. 그러다 그만 준수가 발밑에 있던 돌부리를 미처 보지 못하고 걸려서 넘어지고 말았지.

"크아악!"

비명을 내지르면서 공처럼 데구루루 구르던 준수가 바닥에 팔다리를 쫙 뻗은 채 누워 버렸어.

"괜찮아? 준수야! 혹시 많이 다친 건 아니지?"

준수가 쓰러지자마자 기겁하며 한달음에 달려오던 소희가 길가에 서 있던 윤서를 보고는 황급히 걸음을 멈추었어. 왜냐하면 윤서가 담임선생님께서 맡기신 구급상자를 든 채로 어찌 줄 몰라하는 걸 보았기 때문이었지.

"잠깐만 구급상자 좀 빌릴게. 윤서야!"

미처 윤서의 허락도 받기 전에 소희는 마치 원숭이가 바나나를 낚아채듯이 윤서의 손에 든 구급상자를 낚아채고는 다시 준수를 향해 뛰어갔어. 곧 넘어져 있던 준수에게 도착한 소희는 구급상자를 열고는 재빨리 준수를 치료하기 시작했지. 긁힌 상처가 생긴 준수의 무릎을 소독약으로 소독한 뒤 약을 바르고 붕대를 칭칭 감았어.

"이젠 피를 봐도 아무렇지 않은 거야?"

피를 닦아 내며 치료하던 소희를 보고 민우가 조심스레 물어보았어.

"응, 괜찮아. 네 덕에 나에게 있어 붉은색은 단지 붉게 물든 단풍잎의 색이자 아름다운 노을의 색이 되었으니까."

소희의 대답에 살며시 미소 짓던 민우가 이번에는 준수에게 고개를 돌려 물어보았어.

"준수야, 너 혹시 이번에도 성우를 이기지 못했다고 또 좌절하고 그러는 건 아니겠지?"

"흥, 뭔 소릴 하는 거야! 돌부리에 걸려 넘어지지만 않았다면 분명 내가 이겼을 거야."

"칫! 허세 부리긴. 점점 더 거리가 벌어지던데 어떻게 네가 성우를 이겼겠냐!"

코웃음 치던 민우가 갑자기 진지한 표정을 짓더니 바닥에 주저앉아 있는 준수에게 불쑥 손을 내밀었어.

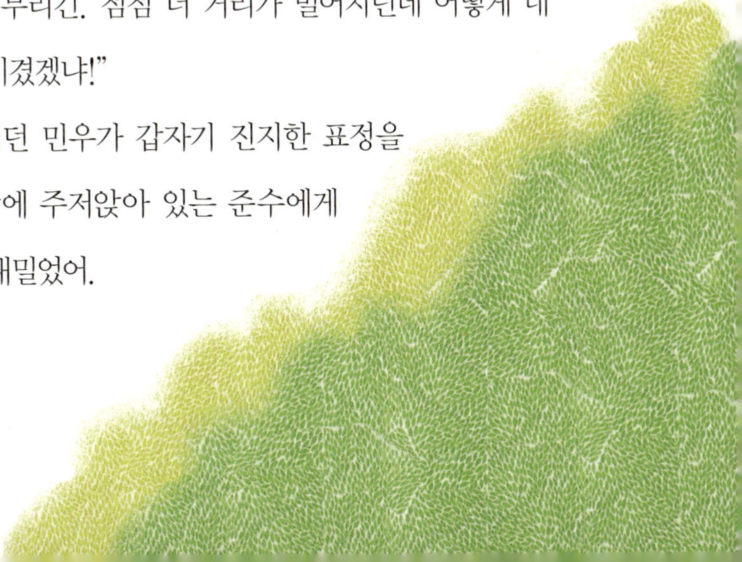

"하지만 걱정하지 마! 준수야! 내가 꼭 네가 이기도록 만들어 줄게."

"그게 뭔 뚱딴지같은 소리냐? 네가 어떻게 날 이기도록 만들어 준다는 거야?"

"그러니까 내가 열심히 운동에 관련된 책을 읽고 공부해서 널 운동선수가 될 수 있게 지도해 주겠다 이 말이야."

민우의 당당한 선언에 준수는 어처구니없다는 표정을 지으면서 멍하니 올려다보았어. 하지만 민우는 그런 준수의 벙찐 태도에 아랑곳하지 않고 계속 말을 이어 나갔지.

"다른 사람들이 꿈을 이룰 수 있게 돕는 게 새로 생긴 나의 꿈이야. 피에로 안내원처럼 나도 남이 꿈을 이룰 수 있게 돕고 싶어."

반짝이는 민우의 눈동자를 아무 말 없이 들여다보던 준수는 천천히 민우가 내민 손을 맞잡아 갔어. 준수가 주춤거리며 일어서자 민우가 준수의 어깨를 톡 치면서 다시 입을 열었지.

"뭐, 앞으로 언젠가는 또 다른 나만의 꿈이 생길 수도 있겠지. 하지만 난 더 이상 흔들리지 않아. 그 어떤 커다란 장애물이 와도 좌절하지 않고 끝까지 애써서 넘으려는 나의 태도가 내 재능이라는 걸 이젠 깨달았으니까. 난 결코 포기하지도 주저앉지도 않을 거야. 그러니까 난 무엇이든 다 될 수 있어. 내가 꿈 기계를 통해 직업을 각성하지 못한 건 그저 내 재능을 꽃피울 시간이 부족했을 뿐이야."

전혀 민우답지 않은 진지한 말이었어. 준수와 소희가 한마디 툭 내뱉을 법도 했지만 끝내 어떠한 말도 하지 않은 채 말없이 민우를 쳐다보기만 했지.

그때 비둘기 떼가 하늘로 후드득 날아올랐어. 그림처럼 아름답게 날아오르는 하얀 비둘기 떼가 마치 모두의 앞날을 축복해 주는 듯했지. 장난꾸러기 삼총사는 자신도 모르게 손을 뻗어 눈처럼 떨어지는 비둘기의 하얀 깃털을 잡아챘지. 하얀 깃털을 잡고 까르르 웃음을 터트리는 삼총사는 마치 그토록 바라던 꿈을 손에 넣고 행복해하는 아이들처럼 보였어. 그렇게 영원히 잊지 못할 장난꾸러기 삼총사의 체험학습이 마무리되었지.

직업 체험+
플러스

직업의 세계에 대해
더 알아볼까요

독자 여러분 안녕하세요. 이 책의 지은이이자 초등학교 선생님인 박광진입니다. 이렇게 책을 통해 여러분과 만나게 되어 매우 영광이에요.

지금부터 여러분에게 직업의 세계에 관하여 안내해 드리려고 해요. 그럼 먼저 체육과 관련된 직업들부터 시작해서, 책 속에 나온 여러 직업에 대해 좀 더 자세히 살펴볼게요.

환상적인 동작이 인상적인 기계체조 선수

'기계체조'는 기계를 사용해서 하는 운동을 통틀어서 이르는 말이에요. 고대 이집트부터 시작되었는데, 사냥의 성공을 기원하기 위해 무용수나 곡예사가 여러 묘기 동작을 했던 데에서 유래되었답니다.

기계체조는 근력, 지구력, 유연성, 민첩성, 평형감각을 이용해 제한 시간 내에 여러 기술을 사용해야 하며, 특히 아름답게 표현하는 미적 표현력이 중요하지요.

남자는 마루운동, 안마, 링, 도마, 평행봉, 철봉의 여섯

기계체조 선수
(https://www.youtube.com/watch?v=Bxj3sX3H5bk)

가지 종목으로 구성되어 있고, 여자는 도마, 이단평행봉, 평균대, 마루운동의 네 종목으로 구성되어 있어요.

여기서 도마에 대해 좀 더 자세히 알려 줄게요. 도마는 고대 로마제국의 군인들이 말타기 훈련에 목마를 사용한 데에서 비롯된 운동이에요. 선수는 달려오다가 도마가 가까워지면 있는 힘을 다해 구름판을 밟은 다음 도마를 두 손으로 짚고 뛰어넘는데, 이때 재주넘기를 비롯한 여러 묘기를 펼친답니다.

우리나라 기계체조 선수로는 '도마의 신'이라 불리는 양학선 선수가 아주 유명해요. 도마를 앞으로 짚은 뒤 공중에서 무려 3바퀴를 비트는 기술을 선보여 찬사를 받았지요. 그는 이 기술의 이름에 자신의 이름을 붙였답니다. 현재도 이 기술을 완벽하게 할 수 있는 사람은 오로지 '도마의 신' 양학선 선수뿐이에요. 자신의 이름을 따서 자신만이 사용할 수 있는 기술을 쓸 수 있는 운동선수가 있다니 참 신기하지 않나요?

공 하나에 마음을 담는 야구 선수

'야구'는 두 팀이 야구공과 야구 방망이 그리고 글러브를 사용해 승패를 겨루는 종목이에요. 야구 경기의 최종적인 목표는 투수가 던지는 공을 타자가 쳐서 최대한 많은 점수를 얻는 거지요.

그런데 야구는 세계 모든 나라에서 인기를 얻은 축구보다는 훨씬 적은 나라에서 인기를 끌고 있답니다. 왜냐하면 야구의 규칙이 축구보다 훨씬 복잡한데다 무엇보다 처음 접하는 사람에게 자칫 지루하게만 보일 수 있기 때문이에요.

야구 선수 최동원과 선동열의 라이벌 대결
(https://www.youtube.com/watch?v=EmLvufDq_0g)

우리나라에서 최초로 열린 야구 경기는 1896년에 서울에서 거주하는 미국인들과 미국 해병대원들 간의 경기였어요. 그 뒤 우리나라 사람들도 최초의 야구단인 'YMCA 야구단'을 시작으로 점점 더 많은 관심을 가지기 시작했지요.

우리나라에서 유명한 야구 선수로는 한국시리즈 4승을 달성한 최동원 선수와 자신의 팀인 타이거즈의 여섯 차례 우승을 이끈 선동열 선수가 있어요. 둘은 우리나라 역사상 가장 위대한 라이벌로도 불렸지요. 둘은 선발 투수로 등판하여 총 3번의 경기를 치렀는데, 1승 1무 1패로 결국 누가 더 뛰어난지 가리지 못했어요. 특히 둘의 3번째 경기가 유명한데, 한국 프로야구 역사상 최고의 명승부로 손꼽히고 있지요. 무려 연장 15회까지 야구 경기가 진행되었는데, 결국 2:2 동점으로 끝났어요.

그 밖에 유명한 우리나라 야구선수로는 우리나라가 굉장히 힘들었던 시기인 IMF 외환위기 때 미국 메이저리그에서 활약한 박찬호 선수가 있어요.

생명을 살리는 의사

'의사'는 사람의 병을 진단하고 치료하는 직업이에요. 모든 의사는 히포크라테스의 선서를 하면서 환자의 건강과 생명을 첫째로 생각하고 도덕적으로 치료하겠다는 마음을 굳건히 하죠. '의학의 아버지'라 불리는 고대 그리스의 히포크라테스는 당시 마술로 취급받고 있던 의학을 분리하여 의사란 직업을 만들었어요.

중세 시대까지 머리를 깎는 이발사가 수술을 하는 외과 의사 역할도 함께 하였지요. 당시에는 치료법에 약초를 주

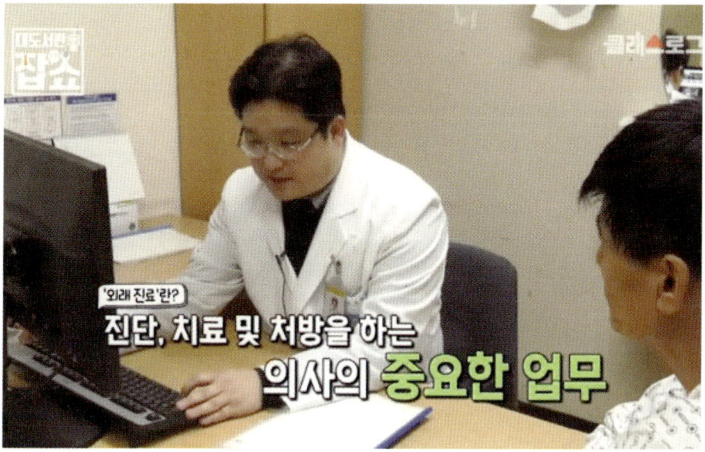

의사 직업 탐구
(https://www.youtube.com/watch?v=7RT4CmLAqgs)

로 이용하는 내과 의사만 진정한 의사로 인정받던 시대였어요. 그럼 그 당시 이발사가 어떻게 외과 의사가 될 수 있었을까요? 그건 이발사도 칼과 가위를 다루었으며, 무엇보다 외과 의사를 귀중한 일로 여기지 않았기 때문이었지요. 지금으로서는 상상도 할 수 없지만, 그때는 이발사가 썩은 충치도 뽑고 동물의 이로 가짜 이를 만들어 빠진 자리에 대신 끼워 넣기도 했답니다.

우리나라에서 의사가 되기 위해서는 6년의 과정으로 이루어진 의과대학을 졸업하거나 의학전문대학원을 졸업하고, 국가시험을 통해 의사 면허를 받아야 해요. 의사가 되는 길은 생각보다 굉장히 힘들고 어려운 길이랍니다.

우리나라에서는 건강보험 제도 덕에 매우 값싸게 수준 높은 치료를 받고 있어요. 이 제도는 세계에서도 주목하고 부러워할 정도로 매우 좋은 제도랍니다. 예를 들어 맹장 수술의 경우 한국과 미국의 비용이 무려 30배 차이가 난다고 해요.

동물을 사랑하는 동물보호사와 사육사

주인에게서 안타깝게 버려진 동물들을 보호하고 관리하는 일을 하는 직업이 '동물보호사'입니다. 동물들에게 충분한 음식과 물을 주고 운동과 활동을 할 수 있게 도움을 주지요. 또한 동물들의 건강을 관리하고, 필요할 경우 수의사의 진료를 받을 수 있게 하는 직업이에요. 무엇보다 가장 중요한 일은 이렇게 버려진 동물들이 새로운 주인을 찾을 수 있도록 도와주고, 새로운 보금자리에서 잘 지낼 수 있도록 관리하는 일이에요.

동물보호사가 되려면 동물에 대한 깊은 애정과 강인한

원숭이를 안전하게 상대하는 방법
(https://www.youtube.com/watch?v=NjX2zoJd2_0)

정신력 그리고 책임감이 꼭 필요해요. 동물보호사가 되면 애견훈련소, 애견호텔, 애견유치원 등에서 다양한 역할을 할 수도 있답니다.

동물들과 관련된 또 다른 직업인 '사육사'는 동물을 보살피고 기르는 직업이에요. 사육사는 보기보다 굉장히 어려운 직업이에요. 동물의 마음을 알기 위해서 동물에 대해 깊이 있게 공부해야 한답니다. 어떤 사육사는 동물이 내는 소리만 듣고도 동물의 마음을 알아차리는 경우도 있어요.

사육사의 가장 큰 어려움 중 하나는 항상 긴장해야 한다는 데 있어요. 특히 사자나 호랑이 등의 맹수들이 친근함으로 대하는 행동 하나하나가 사람에게는 굉장한 위협으로 다가오는 경우가 많아요. 그래서 항상 주의 깊게 동물을 대해야 하지요.

우리나라에서 유명한 사육사로는 에버랜드에서 판다 푸바오를 담당했던 강철원 사육사가 있어요. 중국으로 돌아간 푸바오는 강철원 사육사와 이별한 뒤 낯가림이 심해지고 적응에 어려움을 겪고 있다고 해요. 동물이지만 사람처럼 이별의 아픔을 느끼고 괴로워한 거지요. 이렇게 감정을 가지고 있는 동물들에게 사랑을 가지고 대해 줬으면 참 좋겠어요.

불을 잠재우는 소방관

'소방관'은 화재 현장에 출동해 불을 끄고, 다시 불이 나지 않도록 하는 일을 해요. 이 밖에 엘리베이터 고장으로 인한 갇힘 사고나 벌집 제거를 위해 출동하기도 하고, 지진 및 태풍 등의 자연재해에 대응하는 일도 하지요.

소방관이 되려면 소방공무원 국가시험을 보고 합격해야 하지요. 소방공무원은 아니지만, 지역 주민들로 구성된 봉사 단체인 의용소방대도 있어요. 의용소방대는 평상시에는 자기 일을 하며 평범하게 살아가지만, 긴급 상황이 발

안전한 소화기 사용법
(https://www.youtube.com/watch?v=QngcgpfU450)

생했을 때는 해당 사고 현장으로 바로 달려가 여러 가지 봉사 활동을 한답니다.

언제 화재나 사고가 날지 알 수가 없기 때문에 소방관은 돌아가면서 밤에 일해야 할 때가 많아요. 게다가 공장에서 일어난 사고일 경우 화학 약품으로 인한 위험성이 크기 때문에 굉장히 고생을 많이 한답니다. 이처럼 어려운 일이 많지만, 소방관들은 사람들을 구할 때 커다란 보람을 느끼면서 이러한 어려움을 극복해 내지요. 그래서 소방관은 세계 여러 나라에서 가장 존경받고 사랑받는 직업으로 손꼽힌답니다.

무척이나 힘든 일을 많이 해야 하기 때문에 소방관들 가운데는 평소에 운동을 많이 해서 멋진 몸매를 가진 분들이 많다고 해요. 그래서 세계 여러 나라에서 이런 멋진 몸을 가진 소방관을 모델로 해서 화보나 달력 등을 내기도 한다는군요.

꿈을 현실로 만들어 주는 과학자

'과학자'는 과학을 연구하는 사람을 의미해요. 과학적 현상과 연구 결과에 관해 끝없는 대화와 토론을 통해 발전해 나가는 게 과학자들이에요.

과학자는 천재들이나 하는 직업이라고 생각하기 쉬운데, 실제 많은 과학자가 자연에 있는 문제를 푸는 일에 관심과 호기심을 가진 평범한 사람들일 뿐이라고 해요. 다만 물리학의 경우는 좀 달라요. 그 분야에서는 머리가 아주 똑똑한 대단한 천재들이 좋은 성과를 낸다고 하네요.

책에서는 피에로 안내원이 초전도체를 개발한 과학자로

자격루와 혼천의를 만든 장영실
(https://www.youtube.com/watch?v=9az3ozp04Qw)

나오지요. 여기서 초전도체란 전기 저항이 없는 물질로, 만약 정말로 이게 만들어진다면 놀라운 일이 펼쳐질 거예요. 초전도체를 이용하면 지금과는 비교도 할 수 없을 정도 컴퓨터의 성능이 향상되죠. 또 고속열차와 비행선의 속도가 월등히 더 빨라질 수 있어요. 초전도체가 만들어지기만 한다면 우리의 삶이 훨씬 더 좋게 바뀌게 될 거랍니다.

보통 여러분이 과학이라고 생각하는 건 자연과학인 경우가 많아요. 자연과학은 여러 자연 현상 속에 숨겨진 원리를 파악하는 분야로 물리학, 화학, 천문학, 지구과학, 생물학으로 나뉘지요. 하지만 자연과학 외에 공학, 의학, 컴퓨터 과학 등 여러 분야에 적용될 수 있는 부분에 관해 다루는 응용과학도 있답니다.

우리나라에서 유명한 과학자로는 왜구의 침략으로 백성들이 고통을 받자 한국 역사상 최초로 화약을 만들고 이를 이용하여 무기를 만든 최무선과 '자격루'라는 물시계와 '앙부일구'라는 해시계 그리고 별들의 위치를 알려주는 '혼천의'를 만든 장영실이 있어요.

현대에 들어서는 최고의 천재 과학자 중 한 명으로 손꼽히는 이휘소 박사님이 유명하답니다. 입자물리학자로 노벨상을 받으실 만큼 큰 업적을 세우셨지만, 안타깝게도 그 전에 교통사고로 세상을 떠나셨어요.

전문 기술을 가진 열쇠수리공과 전기기술자

'열쇠수리공'은 닫힌 문의 자물쇠를 열어 주는 직업이에요. 자물쇠에는 열쇠 구멍에 열쇠를 넣어 돌려서 여는 방식만 있는 게 아니에요. 암호를 맞추어 여는 자물쇠와 자석을 이용한 자물쇠 등 여러분들의 생각보다 훨씬 더 많은 방식의 자물쇠가 있답니다. 열쇠수리공은 이런 다양한 자물쇠를 전부 다 열어야 하기 때문에 전문적인 기술이 필요한 직업이에요.

열쇠수리공은 고대 이집트 때부터 있었답니다. 고대 이집트에서는 핀을 이용한 간단한 형태의 자물쇠를 사용하

열쇠수리공
(https://www.youtube.com/watch?v=J4CLI4G6baI)

였어요. 이게 고대 로마로 넘어와서 금속으로 만들어진 자물쇠로 발전했지요. 이때의 자물쇠에는 귀족의 문장이나 예쁜 무늬가 그려졌다고 해요.

'전기기술자'는 '전기공'이라고 불리기도 하는데, 전기 기계나 전기 기구를 설치 및 조정하고 또 부품을 조립하여 전기 장비를 만드는 직업이에요.

이런 전기기술자는 또 '전기제품 조립공'과 '전기 설비공'으로 나뉜답니다. '전기제품 조립공'은 라디오나 텔레비전과 같은 전기 기구 등을 부품으로 조립하는 일을 하는데, 요즘에는 로봇이 대신 이 일을 많이 하지요. '전기 설비공'은 공장이나 작업장에서 각종 전기 관련 설치 및 조정을 하는 사람이에요.

전기기술자가 되기 위해서는 전기, 전자 장치에 대해 깊이 있게 공부해야 하고, 복잡한 문제를 해결할 수 있는 문제 해결 능력도 있어야 하지요. 게다가 수학도 잘해야 한다고 하네요.

하지만 전기로 인한 감전 사고나 화재 사고가 일어날 수 있어서 작업할 때 항상 주의한답니다. 참고로 전기 화재 사고의 경우 감전 사고의 위험이 있어 무턱대고 물로 끄려고 하면 안 돼요. 그래서 이때에는 모래나 이산화탄소 소화기로 꺼야 한답니다.

아름다움을 보여주는 미술가

'미술가' 하면 그림을 그리는 '화가'만을 떠올리지만, 그렇지 않아요. 생활에서 사용되는 물건들을 예술적으로 만드는 '공예가'나 텔레비전이나 컴퓨터 등을 활용하는 '미디어 아티스트' 등을 다 포함하죠.

한국의 유명한 미술가로는 가장 한국적인 그림을 그렸다고 평가받는 이중섭 화가가 있어요. 이중섭 화가는 살아계실 때는 극심하게 가난하여 그림 재료를 살 돈도 없어서 담뱃갑의 은박지에 그림을 그렸답니다. 일제시대였던 당시

착시 그림 그리기
(https://www.youtube.com/watch?v=NnrbCLVDReM)

에는 한국 하면 떠오르는 동물이 황소였기 때문에 황소를 주제로 많은 그림을 남겼어요.

또 우리나라의 산과 하천 그리고 하늘 등을 단순화하여 도화지에 푸른색 점만으로 표현한 김환기 화가도 매우 유명하지요.

미술과 관련된 직업으로는 '전시기획자'라고 불리는 '큐레이터'도 있어요. 큐레이터는 박물관이나 미술관 등에서 작품을 수집 및 전시하는 역할을 한답니다. 꼼꼼한 성격과 외국인에게 작품을 설명할 수 있는 외국어 능력 등이 필요한 직업이에요.

요즘에는 상담하면서 그림으로 마음을 치료하는 '미술치료사'라는 직업도 생겨났어요. 그림을 통해 마음속 세계를 들여다보고 문제를 찾아내 해결하는 일을 하지요.

귀를 즐겁게 만들어 주는 음악가

'음악가'는 음악과 관련된 직업을 가진 사람들을 말해요. 노래의 음악과 가사를 만드는 '작곡가'와 음악 공연을 지휘하는 '지휘자' 그리고 연주하는 '연주자' 등이 모두 음악가에 포함되지요.

그 밖에도 음악과 관련된 직업으로는 가수와 함께 작업해서 음악을 만들어 내는 '음반 프로듀서'가 있어요. 프로듀서는 곡을 전체적으로 어떻게 만들지 결정하고 이렇게 해서 만들어진 곡을 어떻게 세상에 전달할지 고민하는 직

소리를 찾아내는 폴리아티스트
(https://www.youtube.com/watch?v=k_yfBW9lneg)

업이랍니다.

또 다양한 음악 공연을 계획하고 운영하는 직업인 '공연 기획자'도 있어요. 공연 기획자는 공연할 장소의 선택과 가수 초청 및 홍보 등 다양한 역할을 통해 성공적인 공연이 이루어질 수 있도록 만드는 직업이에요.

그리고 음악을 녹음하고 소리를 조정하는 '음향 기술자'

도 있어요. 음향 기술자는 여러 음향 장비들과 컴퓨터 프로그램을 잘 다루어야 하죠.

'폴리아티스트'는 영화나 드라마에서 나오는 효과음을 만들어 내는 직업인데, 실제 소리보다 훨씬 더 실감 나는 소리를 만들어 낼 수 있어요

한국에서 유명한 음악가로는 세계적인 오케스트라 지휘자인 정명훈이 있어요. 파리 바스티유 오페라극장 음악감독을 비롯해 베를린필하모닉 오케스트라, 서울시립교향악단 등에서 지휘자로 활동했지요.

또 세계 3대 소프라노이자 '신이 내린 천상의 목소리'라 불리는 조수미 성악가도 아주 유명하답니다.

아직도 꿈을 찾지 못한 친구들에게

지금까지 체육과 생명 그리고 과학기술과 예술 이렇게 네 부분으로 직업을 나누어 살펴보았어요. 이 밖에도 이 세상에는 모래알처럼 셀 수도 없이 많은 직업이 있답니다. 그러니까 여러분들이 지금 꿈을 찾지 못했더라도 포기하거나 주저하지 말고, 자신에게 맞는 꿈을 찾는 노력을 계속했으면 좋겠어요.

그럼 이제부터는 여러분들을 위해 몇 가지 말을 남길게요.

아직도 꿈을 찾지 못한 친구들에게
(https://www.youtube.com/watch?v=VSuir3K90uo)

먼저 꿈은 계속 바뀔 수 있어요. 어제는 비행기 조종사가 되고 싶었는데, 오늘은 의사가 되고 싶단 마음이 드는 건 아주 자연스러운 현상이랍니다. 사람은 누구나 꿈이 자주 바뀔 수 있어요. 그러니까 난 왜 꿈이 자주 바뀔까 하고 고민하지 않았으면 좋겠어요. 이건 자신에게 정말 어울리는 직업을 찾기 위한 과정이라고 생각하세요.

둘째로 공부는 어떤 직업을 선택하더라도 중요하답니다. 가끔 운동선수나 음악가가 될 거라서 공부를 하지 않아도 된다고 말하는 친구들이 있어요. 하지만 그렇지 않답니다. 혹시 축구는 몸이 아니라 머리로 하는 거라는 말 들어 보았나요. 축구가 단순히 몸을 쓰는 체력적인 운동이 아니라 전체 경기를 파악하는 판단력과 순간에 어떻게 행동하는 게 더 좋을지 생각하는 사고력이 중요하다는 걸 뜻하는 말이에요.

그런데 이건 다른 모든 스포츠와 예술도 똑같답니다. 그러니까 수업 시간에 착실히 배워서 생각하는 힘을 키우는 게 중요해요.

셋째로 다양한 경험을 해 보도록 하세요. 경험을 통해 나의 특기가 무엇인지, 그리고 과연 내가 진정으로 무엇을 좋아하는지 알게 될 거예요. 특히나 경험이 쌓이다 보면 전혀 생각지도 못했던 분야에서 나의 재능을 발견할 수도 있답니다.

참고로 교사이자 동화작가인 나도 어릴 적에는 책을 좋아하지 않았어요. 또 글을 잘 쓰지도 못했답니다. 하지만 어릴 적 읽은 《나의 라임 오렌지나무》를 읽고 감명받아 작가가 되어 보기로 마음먹었지요. 그리고 이렇게 여러분과 책으로 만나게 된 거예요. 그러니까 여러분도 열린 마음을 갖고 여러 가지를 도전하고 또 도전해 보세요.

넷째로 자기 자신에 대해 깊게 생각해 보길 바랍니다. 내가 생각하는 나의 모습과 부모님이 바라보는 나의 모습, 그리고 친구들이 생각하는 나의 모습은 전부 다 다르답니다. 나를 아는 건 매우 중요해요. 그런데 이때 자신의 단점을 단점으로만 보지 않았으면 해요. 단점이야말로 어쩌면 가장 큰 장점일지도 모른답니다.

예를 들어 너무 까탈스럽다는 건 굉장히 예민하고 꼼꼼한 성격이어서 듣는 말일 수 있어요. 그런데 이런 성격이 안전관리원을 한다면 위험한 사고가 훨씬 더 줄어들겠지요.

지금까지 꿈을 찾기 위해 우리가 어떻게 해야 하는지 알아보았어요. 계속 노력한다면 여러분도 준수와 소희, 그리고 민우처럼 꼭 꿈을 찾고 키워 나갈 수 있을 거예요.

왜 천천히 읽기를 해야 하는가?

'천천히 읽는 책'은 그동안 역사, 과학, 문학, 교육, 지리, 예술, 인물, 여행을 비롯해 다양한 주제와 소재를 다양한 방식으로 펴냈습니다. 왜 천천히 읽자고 하는지 궁금해하는 독자들이 있어서 몇 가지를 밝혀 둡니다.

- '천천히 읽는 책'은 말 그대로 독서 운동에서 '천천히 읽기'를 살리자는 마음을 담았습니다. 천천히 읽기는 '천천히 넓고 깊게 생각하면서 길게 읽자'는 독서 운동입니다.
- 독서 초기에는 쉽고 가벼운 책을 재미있게 읽을 수 있는 방법으로 시작해야겠지요. 그러나 독서에 계속 취미를 붙이기 위해서는 그 단계를 넘어서 책을 깊이 있게 긴 숨으로 읽는 즐거움을 느낄 수 있어야 합니다. 그래야 문해력이 발달합니다.
- 문해력이 발달하는 인지 발달 단계는 대체로 10세에서 15세 사이에 시작합니다. 음식을 천천히 씹으면서 맛을 음미하듯이 조금 어려운 책을 천천히 되씹어 읽으면서 지식을 넘어 새로운 지혜를 깨달을 수 있습니다.
- 독서 방법에는 다독, 정독, 심독이 있습니다. 천천히 읽기는 정독과 심독에서 꼭 필요한 독서 방법입니다. 빨리 많이 읽기는 지식을 엉성하게 쌓아 두기에 그칩니다. 지식을 내 것으로 소화하기 위해서는 정독이 필요하고, 지식을 넘어 지혜로 만들기 위해서는 심독이 필요합니다.
- 어린이들한테는 쉽고 가볍고 알록달록한 책만 주어야 한다고 생각하는 어른들이 있습니다. 그러나 독서력이 높은 아이들은 어렵고 딱딱한 책도 독서력이 낮은 어른들보다 잘 읽습니다. 그런 기쁨을 충족하지 못할 때 반대로 문해력도 발달하지 못하면서 책과 멀어지게 됩니다.

'천천히 읽는 책'은 독서력을 어느 정도 갖춘 10세 이상 어린이부터 청소년과 어른까지 읽는 책들입니다. 어린이, 청소년과 어른들(교사와 학부모)이 함께 천천히 읽으면서 이야기를 나눌 수 있는 읽기 자료가 되기를 바라는 마음에서 만들고 있습니다.